中国家庭财富分布研究

基于收入与财富的关联性

王晶 著

山西省哲学社会科学规划课题（项目编号：2020YY219）
山西省高等学校哲学社会科学项目（项目编号：2020W148）

知识产权出版社
全国百佳图书出版单位
—北京—

图书在版编目（CIP）数据

中国家庭财富分布研究：基于收入与财富的关联性 / 王晶著．--北京：知识产权出版社，2021.4
ISBN 978-7-5130-7312-7

Ⅰ．①中… Ⅱ．①王… Ⅲ．①国民收入分配—不平衡—研究—中国 Ⅳ．① F124.7

中国版本图书馆 CIP 数据核字（2020）第 228594 号

内容提要

本书以收入差距与财富分布的关联性为出发点，首先从家庭收入获得和财富积累的过程出发，推导了收入差距与财富分布的相互作用，并根据实际情况对二者相互作用的路径进行了分析和阐述，包括储蓄的差异、房产拥有的差异性以及财产性收入等。在理论分析和实际测度的基础上，本书构建了收入差距与财富分布的关联模型，根据收入水平将样本家庭分组并根据各组家庭中收入与财富不同的关系来归纳收入差距与财富分布之间的关联性。模型的参数估计实现了这种关联关系的量化测度，以此为依托，本书进一步构建了多目标规划模型，寻求能够满足所有约束的最低财富泰尔指数，以及此时对应的收入调节要求。

责任编辑：李　婧　　　　**责任印制**：孙婷婷

中国家庭财富分布研究
——基于收入与财富的关联性
ZHONGGUO JIATING CAIFU FENBU YANJIU
JIYU SHOURUYU CAIFUDE GUANLIANXING

王晶　著

出版发行：知识产权出版社有限责任公司	网　址：http://www.ipph.cn
电　话：010-82004826	http://www.laichushu.com
社　址：北京市海淀区气象路50号院	邮　编：100081
责编电话：010-82000860转8594	责编邮箱：lijing@cnipr.com
发行电话：010-82000860转8101/8029	发行传真：010-82000893/82003279
印　刷：北京中献拓方科技发展有限公司	经　销：各大网上书店、新华书店及相关书店
开　本：720mm×1000mm　1/16	印　张：14
版　次：2021年4月第1版	印　次：2021年4月第1次印刷
字　数：200千字	定　价：64.00元

ISBN 978-7-5130-7312-7

前 言

改革开放以来，中国居民家庭的财富水平得到了持续积累，财富分布格局发生了深刻变化，家庭之间的财富差距也逐渐进入人们的视野。根据北京大学中国社会科学调查中心公布的《中国民生发展报告》显示，中国 2012 年家庭净财产基尼系数已经高达 0.73，2014 年，中国 1% 的顶端家庭占有全社会 29.7% 的财富，5% 的顶端家庭占有财产比例高达 46.6%，也就是说全国近半数的财富都集中在这 5% 的顶端家庭手中，财富的分化已经十分严重，成为社会发展中亟待解决的问题。

中国财富的分布问题与几十年来收入分配格局有较大关系，所以对财富分布的研究应该考虑收入分配在其形成和演变中的作用。基于中国家庭追踪调查（CFPS）的数据，本书展现了 2010 年以来中国家庭收入差距和财富分布的基本面貌，包括分布结构和变动情况，将收入与财富结合在一起，通过探讨二者的关联性来分析中国的财富分布情况。

本书以收入差距与财富分布的关联性为出发点，首先从家庭收入获得和财富积累的过程出发，根据家庭层面收入与财富的互动关系推导了收入差距与财富分布的相互作用，并根据实际情况对二者相互作用的路径进行了阐述和分析，包括储蓄的差异、房产拥有的差距以及财产性收入等。在理论分析和实际测度的基础上，本书构建了收入差距与财富分布的关联模型，该模型通过分组的方式把微观家庭收入与财富的联立关系和宏观收入差距与财富分布的关联关系联系起来，根据各组家庭中收入与财富不同的作用关系来归纳收入差距与财富分布之间的关联性，模型的参数估计实现了这种关联关系的量化测度，也验证了二者相互加强的关系。依托收入差距与财富分布的关联关系，本书进一步构建了多目标规划模型，寻求能够满足所有约束的最低财富的拥有值，以及此时对应的收入调节要求和宏观指标调整要求。

财富分布与收入分配之间的关联是多重复杂的，很难从宏观层面进行二者关系的表述和估计。本书通过分组的方式将微观家庭数据与宏观收入差距和财富分布的数据结合起来，通过一系列方程式来体现收入差距和财富分布之间的关联关系，并借助目标规划模型改善财富分布的收入分配和宏观因素调节要求进行了求解。

本书是山西省高等学校哲学社会科学项目“山西省家庭财富分布特征及其成因研究”（项目编号：2020W148）和山西省哲学社会科学规划课题“多维视角下山西省农村相对贫困的识别和测度研究”（项目编号：2020YY219）的研究成果，也包含笔者的博士论文《基于收入与财富关联性的中国家庭财富分布研究》的主要内容。山西财经大学高艳云教授、李宝瑜教授对本书的整体框架设计和技术方法提供了重要的支持和建议，特此致谢。

王　晶

2020 年 7 月

目　录

第 1 章　收入分配和财富分布问题

第2章 收入差距和财富分布关联性的理论分析

第 3 章 收入差距和财富分布的测度

第 4 章 收入差距和财富分布相互作用的联立方程模型

第 7 章 结论和对策建议

第1章　收入分配和财富分布问题

1.1　中国收入分配和财富分布的背景

1.1.1　中国财富分化问题的产生和扩大

改革开放之前，中国社会追求的是生产资料的公有制和收入分配的绝对公平，在这种“大锅饭”模式下居民家庭私人财产较少，收入分配的差异程度也很低。随着市场化改革的推进，这种发展模式逐渐被打破。1978年以来，中国经历了高速的经济增长，社会发展取得了巨大成就，全国城乡居民的人均收入都保持着约12%的增长速度，居民的财富也实现了从无到有、从少到多的积累。高增长背后伴随着的是贫富差距的扩大，沿海地区与内陆地区之间、城市与农村之间、不同行业之间都逐渐出现较大差距。国家统计局公布的收入基尼系数已经连续十多年处于0.49左右。

“贫富差距”或者“贫富分化”中的“贫”和“富”实际上包括财富水平和收入水平两方面的内容，在收入差距不断扩大的同时，中国的财富分布差异问题也逐渐凸显。根据李实等[1]的估计，1995 年中国城镇家庭财产分布的基尼系数为 0.40，而北京大学中国社会科学调查中心公布的《中国民生发展报告》指出中国 2012 年家庭净财产基尼系数已经高达 0.73。2014 年，中国 1% 的顶端家庭占有全社会 29.7% 的财富，5% 的顶端家庭占有财产比例高达 46.6%[2]，也就是说全国近半数的财富都集中在这 5% 的顶端家庭手中，财富的分化较严重，这成为经济社会发展中一个日益突出的问题。

1.1.2 财富分化严重不利于经济社会的和谐发展

长期以来，学术界对贫富差距的研究主要集中在收入分配的差距方面，对财富分布的关注相对比较有限。除了收入数据相对财富数据更好的可获得性外，这一定程度上是因为收入差距是贫富差距最直接的表现。但是，我们应该认识到，财富差距与收入差距一样，也是贫富差距的重要内容，过大的财富分化不利于经济社会的和谐发展，应该得到更多的关注和讨论。

财富分化首先不利于社会公平的实现。孟子说："有恒产者有恒心，无恒产者无恒心"，财富带来的"恒心"来自于在面临经济冲击和意外时保持基本生活水平的能力，换句话说就是这种风险承受力带来的安全感，因此财富分布的合理性很大程度上决定着居民的公平感、幸福感。除了物质水平外，财富更是决定了家庭成员融入社会、参与社会活动的机会起点，比如受教育机会、就业机会、信贷机会、获取信息机会等。财富分化容易引起机会的不平等，造成不平等问题的扩大，

---

[1] 李实，魏众，B.古斯塔夫森.中国城镇居民的财产分配［J］.经济研究，2000（3）：16–23.

[2] 谢宇，张晓波，李建新等.中国民生发展报告（2016）［R］.北京：北京大学出版社，2017：52–53.

形成全社会在收入、教育、健康、就业等多维度的不平等，甚至造成社会流动性的减弱，形成难以逾越的鸿沟，形成各个维度持久的、广泛的不平等。

财富的一个重要特征是具有一定的收益性，将家庭财富投入生产活动中可以产生财产性收入，所以财富分化实际上是生产资料占有的不均衡。生产资料的拥有者除了能够在生产活动中实现要素收益外，在收入分配环节也会拥有更多的话语权，在一定程度上影响要素的回报。相对于劳动来说，资本要素是稀缺的，资本所有者在收入分配中占据更有利的地位，能够享受更多的发展成果。所以财富分布的分化会推动收入也向少数人集中，形成更加不平等的收入分配秩序。可以说，财富分化是贫富差距的内在动力，是不平等的内核和本质，长期以来学术界对收入差距的关注一定程度上掩盖了内在的、本质的财富分化。

如何降低财富的分化程度，减少财富分化对经济社会发展的负面影响，也成为理论研究和实际政策制定中亟待解决的问题。

1.1.3 收入差距是财富分布最基本、最一般的来源

财富分化的形成有着深刻的社会根源，与社会运行制度、资产价格变化、金融市场发展、代际继承以及个人消费行为、投资决策、风险偏好等因素都息息相关，是在经济社会的发展中逐步形成的。就中国的实际情况来讲，改革开放以来从计划经济向市场经济转变，社会变革在财富分化的形成中扮演着重要角色，主要表现在两方面：一是公有制企业的产权改革，二是住房的商品化和市场化改革。

然而，财富分化另一个最基本、最一般的来源——收入的获得和收入差距也是不可忽视的。一般来讲，家庭或个人所拥有的财富是在初始财富的基础上进行积累，而财富积累的来源则是家庭的收入。收入水平的变化和收入差距的波动会通过家庭消费决策和储蓄行为传递到财富的分布上，对财富分布造成影响。虽然

从短期来看收入积累对财富分布的作用可能比较微弱，在特定时期，收入差距对财富分化的作用也不及宏观层面的体制改革、经济发展或者资产价格变化，但是我们应该认识到，这种作用是持续的、累积的，更加具有一般性。无论在怎样的发展阶段，作为对财富具有替代性的经济资源，收入的获得和收入分配的分化都是循序渐进地影响财富分布的重要力量，仅仅关注宏观层面的社会变革和资产价格变化不足以充分解释和理解财富积累和财富分布问题。

1.1.4 通过收入分配政策可以间接对财富分布进行调节

现实中政府对收入的再分配措施往往要大于财富的再分配措施[1]，这是因为与收入形成过程中的分配政策相比，对已经完成积累的私人财富进行调节往往难度更大，更不易被接受。而财富是在获得收入的基础上逐渐积累而来的，收入分配政策对收入差距的调节也会逐渐对不同家庭的财富积累轨迹产生影响，形成财富差距状况的变化。所以在收入分配政策中考虑财富调节的目标，可以间接地实现对财富分布的调节。虽然短期内收入分配政策对家庭财富分布的影响是比较小的，但收入水平变化是持续影响财富的积累速度和积累过程的，从长期来看，收入分配政策的变动通过家庭的消费、投资活动能够实现对财富分布持续的、潜移默化的影响，对财富分布进行温和、有效的调节。

这种间接调节首先需要明确收入分配对财富分布的影响作用，或者说收入差距与财富分布之间的互动关系。本书的研究中我们要考察的问题是，在当前的发展状况下，收入差距和财富分布之间的量化关系是怎样的？对收入分配和相关宏观因素进行怎样的调节有利于实现财富分布的合理化？

[1] 李实.鼓励财产性收入是否会加大收入差距——将会加剧社会财富的集中［J］.人民论坛，2007（23）：16-17.

需要说明的是，本书重点考察收入差距与财富分布的互动关系，并不是否认和忽略代际继承、体制改革、资产价格变化、家庭行为等因素对财富分布的作用，本书在模型构建中也尽量对相应的宏观因素以及家庭特征进行了控制，但是本书的研究重点在于通过收入对财富分布的间接调节，关注财富积累过程中家庭收入的作用，所以未对影响财富分布格局的其他因素进行过多探讨。

1.2　收入、财富的概念界定

1.2.1　家庭收入

家庭收入是指全部家庭成员在一定时段内获得的全部货币和实物收入的总和，是一个流量概念。收入可以定义为两个项目之和："行使的消费权利的市场价值"和"资产存量价值的变化"，也就是从使用去向的角度把收入看作消费部分和储蓄部分。国民经济核算体系中一般从来源的角度将家庭收入分为工资性收入、经营性收入、财产性收入和转移性收入四大类，各类收入形成的原因、过程各不相同。需要注意的是，只有从无到有、由家庭成员获得的资金才能列入收入范畴，征地、拆迁补偿以及出卖财物所获得的资金实际上是家庭财富从实物形式向现金形式的转换，不属于收入范畴。

四大类收入中，工资性收入是指家庭成员付出劳动获得的收入，包括工资、奖金、津贴、各项补贴以及实物形式的福利等。经营性收入包括农业生产收入和企业经营收入，农业生产收入是家户农业生产的总收入除去总支出所获得的纯收入，企业经营收入是按占有股份比例计算的家庭参与经营企业的税后纯利润。财产性收入是家庭拥有财产而获得的收入，是投资收入和地租之和，包括出租土地、房屋或其他生产资料而获得的收入，例如，利息、红利收入等。转移性收入是指国家、社会团体对居民家庭以及居民家庭之间的各种无偿转移支付，包括从各级政府得到的补助、离（退）休金收入、社会保障收入、礼品（礼金）收入等。

四类收入的来源和获取方式各不相同，工资性收入与经营性收入的获得都需要家庭成员付出劳动，但工资性收入是仅仅建立在付出劳动的基础上，而经营性收入还需要家庭拥有一定的生产性资产，主要包括土地、牲畜、厂房、生产线等。经营性收入和财产性收入都是建立在固定资产积累的基础上，不同点在于经营性收入需要家庭成员将生产性资产投入生产过程，同时付出劳动来获得生产利润，而财产性收入来源是固定资产的租金和金融资产的收益，是不需要付出劳动的，也可以形象地称之为“睡后收入”。与前面三项相比，转移性收入既不需要付出劳动，也不需要投入资产，是依赖于外部环境、无偿获取的收入。各类收入在家庭收入中所占的比重体现了家庭收入结构的差异，不同的收入结构下，家庭收入的稳定性和增长性不尽相同。

个人获取的收入需要根据相关法律规定纳税，也就是个人所得税。个人所得税制度不仅是公共财政支出的重要来源，也是收入再分配环节调节收入差距的重要手段，对不同来源、不同水平的收入征收不同的税率，能够一定程度上调整收入结构、缓解收入差距。家庭成员的各项收入在缴纳税金后的余额才是居民家庭可以支配的、用来满足各项需求的资源，称为税后收入或者可支配收入。本书的家庭收入是指家庭的税后收入。

1.2.2 家庭财富

财富，或者说财产、资产，是个体占有的、具有排他性，且可以与主体分离的物品，是人们在某一时点所拥有的各项资产的货币净值，是一个存量概念。根据 SNA2008[1] 的定义，资产是一种价值储备，代表经济所有者在一定时期内通过持有或使用某实体所产生的一次性或连续性经济利益。资产包括金融资产和非金融资产，非金融资产又进一步细分为生产性和非生产性资产两类。家庭调查中，把居民家庭在调查时所拥有的、可以自由支配的所有现金、实物和非实物资产作为家庭财富的范畴，主要包括土地、房产、生产性固定资产、金融资产和耐用消费品。其中金融资产包括存款、股票、债券和其他金融产品，是居民家庭财富的货币持有形式；生产性固定资产包括农户家庭的农业生产机械和经营性的企业资产；耐用消费品包括大型家电、交通工具等价格较高、使用年限较长的家庭消费品。

根据中国的国情，土地是全民所有制，归国家所有，个人并不具有所有权。农民的土地从国家或者集体承包而来，不属于居民家庭占有的财产；居民住宅用地只有 70 年使用年限，并不具有永久的所有权。但是考虑到土地的使用权、收益权、征地的赔偿都实际归农民所有，土地也是大部分农户家庭赖以生存的重要生产资料，将土地纳入家庭财富更能够真实反映农村的财产分配状况；同样，房产在家庭资产中也占有相当大比重，且可以自由出租、买卖、继承，是归居民家庭实质所有的。因此，本书根据实际情况将土地和房产都纳入家庭财富。此外，中国居民家庭房产中还有一些属于部分产权，允许家庭使用、出租、继承，甚至抵押，但是房产属于单位、政府所有或者居民对房产不具有全部产权。本书中将部分产权房也列入房产范畴，作为家庭财富的一部分。

随着金融市场的发展，借贷已经成为居民家庭的普遍行为，面向金融机构和亲友的借贷作为资产的一部分，也可以满足家庭的投资、经营、消费之需。特别是住房市场化改革以来，住房贷款成为大量家庭购买住房的重要手段。各项借贷

[1] 联合国，等. 国民经济核算体系（2008）［M］. 国家统计局，等，译.北京：中国统计出版社，2012.

和负债不仅为家庭提供了平滑收入、最大化长期效用的途径，也成为家庭财富的重要组成部分。包含负债和贷款的财富是家庭的总财富，即家庭可以支配的所有财富的总和，而家庭实际拥有的财富应该是扣除负债和借贷资金的部分，即净财富。扣除负债后的净财富更能体现家庭的实际财富水平，这也是家庭金融和财富相关研究中的国际惯例。本书使用了净财富的概念来表示家庭财富。

财富不一定归私人所有，也可以由政府部门代表整个社会行使所有权，即国有资产。本书财富分布的研究对象仅限于私人财富，研究单位是居民家庭，即私人财富在家庭之间分布的差距。

1.3 收入差距和财富分布的研究现状

现代学者已经对收入差距和财富分布进行了大量的研究，大致包括三个方面：一是对收入差距和财富分布状况的测度；二是形成原因的分析；三是财富差距的影响和后果。多年来，关于中国的财富差距研究主要集中在收入差距方面，对其测度、形成机制、治理政策进行了较多的探讨，而对财富分布的研究相对缺乏，尚处于起步阶段。这一方面是因为收入差距的重要性；另一方面因居民收入数据要比财富数据更容易获得，可以进行更好地测算和实证研究。随着一些大型微观调查的实施，对财富分布的定量研究也成为可能，近年来也涌现出很多关于财富分布测度、成因的研究。本小节分三个部分梳理了关于收入差距和财富分布的相关文献：第一部分是对收入差距和财富分布程度测度的相关研究；第二部分是收入差距和财富分布关联性的理论和实证研究；第三部分是收入差距和财富分布的成因和影响分析。

1.3.1　收入差距和财富分布的测度

对收入和财富分布的研究离不开统计测度，洛伦兹（Lorenz）[1]、道尔顿（Dalton）[2]、吉尼（Gini）[3]、泰尔（Theil）[4]、阿特金森（Atkinson）[5]等学者的研究为不平等的测度提供了丰富的统计方法，多年来国内外对经济不平等的测度大多建立在这些研究之上。

1. 收入差距的测度和分解

从 20 世纪 90 年代起，国内学者就开始关注到我国改革开放后日益扩大的收入差距，中国收入分配研究院早在 1988 年就开始陆续进行中国家庭收入的入户调查，获取了中国家庭收入分布变迁的很多珍贵信息。20 世纪 90 年代后期，国内外学者依托中国家庭收入分配调整数据（CHIP）对中国收入差距的程度、变迁、结构进行了大量细致的研究，比如赵人伟、格里芬（Griffin）、基思（Keith），赵人伟[6]和李实，可汗（Khan）[7]和里斯金（Riskin），李实[8][9]、赵人

---

[1] LORENZ M O. Methods of Measuring the Concentration of Wealth [J]. Publications of the American Statistical Association, 1905, 9（70）:11.

[2] DALTON H. Measurement of the inequality of incomes [J]. The Economic Journal, 1920, 30（9）, 348–361.

[3] GINI C. Measurement of Inequality of Income [J]. Journal of Economic Theory & Econometrics, 1921, 31（121）:124–126.

[4] THEIL H. Economics and information theory [M]. Amsterdam: North–Holland, 1967.

[5] ATKINSON, A B. On the measurement of inequality [J]. Journal of Economic Theory, 1970, 2（1）: 244–263.

[6] 赵人伟，GRIFFIN，KEITH B. 中国居民收入分配研究 [M]. 北京：中国社会科学出版社，1994.

[7] KHAN A R, Riskin C. Income and Inequality in China: Composition, Distribution and Growth of Household Income, 1988 to 1995 [J]. China Quarterly, 1998, 154（154）:221–253.

[8] 李实，赵人伟. 中国经济改革中的收入分配变动 [J]. 管理世界，1998（1）：43–56.

[9] 李实，赵人伟. 中国居民收入分配再研究 [J]. 经济研究，1999（4）：3–17.

伟[1]、古斯塔夫森（Gustafsson）和李（Li）[2]等。使用最广泛的基尼系数、泰尔指数实质上都是对收入分布函数的一种总结性描述，拟合收入的分布函数或者洛伦兹曲线在此基础上观察收入分配在每个位置的变化是收入差距测度的又一重要思路。庄健、张永光[3]以洛伦兹曲线为基础，将全部收入参照人口五分法进行五等分，定义最低和最高20%收入的创造者为低、高收入群体，中间60%收入的创造者为中等收入群体。在此定义之上，文章估计了不同水平的基尼系数所对应的中等收入群体比重，并通过实证分析验证了基尼系数和中等收入者比重之间负的相关关系，中等收入群体的增加有助于基尼系数的减小。黄恒君[4]采用B-样条拟合洛伦兹曲线，对1990—2010年中国城镇居民收入洛伦兹曲线的变迁特征进行了探索性的分析，发现采用五分法划分的收入群体中，高、中、低收入群体对收入差距变迁的贡献率分别为17.36%、80.33%和2.30%。黎波、迟巍和余秋梅[5]总结了对收入分布函数进行分解的半参数化方法，并估计了1987年、1996年和2004年中国城镇居民收入的分布函数。

除了对收入差距程度整体测度外，很多研究也通过对总体不平等指标在收入项目之间、人群之间的分解来进一步刻画收入差距的结构，确定收入在哪些项目、哪些方面的不平等程度最大，进而寻找控制收入差距的有效政策措施。

---

❶ 赵人伟，李实. 中国居民收入差距的扩大及其原因［J］. 经济研究，1997（9）：19-28.

❷ GUSTAFSSON B, SHI L. The Anatomy of Rising Earnings Inequality in Urban China［J］. Journal of Comparative Economics, 2001, 29（1）:118-135.

❸ 庄健，张永光. 基尼系数和中等收入群体比重的关联性分析［J］. 数量经济技术经济研究，2007，24（4）：145-152.

❹ 黄恒君. 收入差距变迁特征的探索性分析——基于洛伦兹曲线的动态分解［J］. 统计与信息论坛，2012，27（10）：25-29.

❺ 黎波，迟巍，余秋梅. 一种新的收入差距研究的计量方法——基于分布函数的半参数化估计［J］. 数量经济技术经济研究，2007，24（8）：119-129.

格里菲斯（Griffiths）[1] 提出基于收入来源的基尼系数分解方法，将总收入的基尼系数分解为各种来源的收入项目的集中率系数与其比重的乘积的加总。帕德（Podder）[2] 基于澳大利亚家庭支出调查的数据，分解了不同收入项目对总收入基尼系数的贡献，这种分解方法可以检验每种收入来源的不平等程度对总体不平等的作用，有助于对缓解收入差距的政策决定提供支持。帕德（Podder）和慕科霍德哈（Mukhopadhava）[3] 在基尼系数分解的基础上进一步提出各收入来源变动对基尼系数的边际影响的推导公式，对澳大利亚 1975—1994 年的个人收入来源变化及它们对收入差距的影响进行了分解研究。基于这些方法，国内学者也对我国的收入差距进行了分解和分析，瞿晶和姚先国 [4] 对我国 2002—2007 年的收入基尼系数进行了构成项目分解的结果显示对总体基尼系数贡献率最大的工资性收入和转移性收入的影响呈下降趋势，而经营性收入、财产性收入对基尼系数的贡献率有明显的提高。根据 2007 年的分解结果，房产投资和金融市场投资收入对总收入差距的贡献率达到 7.2%，边际影响也远高于其他收入项目，房地产和资本市场的发展成为扩大城镇居民收入差距程度的重要原因。王洪亮、徐翔 [5] 通过泰尔指数在城乡间和地区间的分解对收入差距在城乡和地区间的分布进行了静态比较，认为中国城乡间收入差距较地区间更甚，城乡间的不平等在收入差距变

---

[1] GRIFFITHS P. On the Interpretation and Disaggregation of Gini Coefficient [J]. Economic Journal, 1976, 86（342）: 243-255.

[2] PODDER N. THE DISAGGREGATION OF THE GIN1 COEFFICIENT BY FACTOR COMPONENTS AND ITS APPLICATIONS TO AUSTRALIA [J]. Review of Income & Wealth, 1993, 39（1）:51-61.

[3] PODDER N, MUKHOPADHAYA P. The Changing Pattern of Sources of Income and its Impact on Inequality: The Method and its Application to Australia, 1975 - 94 [J]. Economic Record, 2001, 77（238）:242-251.

[4] 瞿晶，姚先国. 城镇居民收入差距分解研究 [J]. 统计研究，2011，28（11）：50-55.

[5] 王洪亮，徐翔. 收入差距孰甚：地区间抑或城乡间 [J]. 管理世界，2006（11）：41-50.

动中始终处于主导地位。唐莉、姚树洁和王建军[1]通过对基尼系数的分解则认为中国城镇居民收入差距应该主要归因于地区间的差异。陈钊、万广华和陆铭[2]用基于回归方程的不平等分解方法对行业间收入差距对收入差距的贡献分解发现，1988—2002年，由于一些国有垄断行业收入的迅速提高，行业间收入差距对收入差距的贡献越来越大，所以打破劳动力市场的壁垒和产品市场的行业垄断对控制城镇居民的收入差距具有重要意义。

2. 财富分布的测度和分解

关于财富分布的测度以微观的调查数据为基础，分析一国内部居民个人或者家庭所持有财富的数量、结构以及分布情况。很多发达国家已经形成了较为成熟的调查系统，能够提供本国居民家庭详细的财富数据，比如美国消费者金融调查（Survey of Consumer Finances，SCF）、英国家庭动态追踪调查（British Household Panel Survey，BHPS）等。中国对家庭财富分布的测度起步较晚，在家庭财产方面的数据尚比较缺乏，目前还没有形成长期的家庭财富数据。中国关于家庭财产的调查主要有中国收入分配研究中心主持的中国家庭收入分配调查数据（CHIP）、北京奥尔多投资研究中心的“中国居民风险与风险管理”研究项目、西南财经大学主持的居民资产负债调查（CHFS）、北京大学主持的中国家庭追踪调查（CFPS）。

中国财富分布最早的研究是依托CHIP团队在1988年、1995年、2002年、2007年、2010年实施的城乡入户调查中搜集的财产信息。麦金利（Mckinley）和

[1] 唐莉，姚树洁，王建军. 基尼系数分解分析中国城市居民收入差距［J］. 数量经济技术经济研究，2006，23（11）：31-37.

[2] 陈钊，万广华，陆铭. 行业间不平等：日益重要的城镇收入差距成因——基于回归方程的分解［J］. 中国社会科学，2010（3）：65-76.

格里芬（Griffin）[1]、布伦纳（Brenner）[2]分别对1988年和1995年中国农村的土地和财产分布进行了研究，测度结果显示两个年度农村居民净财产的基尼系数分别为0.30和0.35。李实，魏众等[3]认为1995年中国城镇、农村家庭财产分布的基尼系数分别为0.52和0.33，全国的家庭财富基尼系数为0.40。根据赵人伟[4]的测度，2002年全国人均财产的基尼系数达到0.55。古斯塔夫森（Gustarfsson）、李（Li）和魏（Wei）[5]认为与大多数工业化国家相比，中国在1995年前后的财产分布情况是相对平均的，但是罗楚亮、李实和赵人伟[6]也指出中国的家庭财富分布呈现出重心低、中产阶层薄弱的特点，虽然财产分布不平等程度并不高，但不平等程度的上升却应该引起注意，财产基尼系数在7年间提高0.15（从1995年的0.40到2002年的0.55）是非常罕见的。

北京奥尔多投资研究中心的"中国居民风险与风险管理"研究项目2005年和2007年的两次入户调查提供了中国家庭财富分布的很多信息，许多学者在此基础上对中国的财富分布的变化进行了进一步的测度。陈彦斌[7]利用北京奥尔多投资研究中心的家庭资产调查数据对我国2007年的城乡财富分布进行了测度，

---

❶ MCKINLEY T, GRIFFFIN K. The Distribution of Land in Rural China [M] // The distribution of wealth in rural China . M.E. Sharpe, 1993:71–84.

❷ BRENNER MARK. Reexamining the Distribution of Wealth in Rural China [J] . Chinese Economy, 2000, 33（4）:36–67.

❸ 李实，魏众，B.古斯塔夫森. 中国城镇居民的财产分配［J］. 经济研究，2000（3）：16–23.李实，魏众，丁赛. 中国居民财产分布不均等及其原因的经验分析［J］. 经济研究，2005（6）：4–15.

❹ 赵人伟. 我国居民收入分配和财产分布问题分析［J］. 当代财经，2007（7）.

❺ GUSTAFSSON B, SHI L, ZHONG W. THE DISTRIBUTION OF WEALTH IN URBAN CHINA AND IN CHINA AS A WHOLE IN 1995 [J] . Review of Income & Wealth, 2006, 52（2）:173 - 188.

❻ 罗楚亮，李实，赵人伟. 我国居民的财产分布及其国际比较［J］. 经济学家，2009（9）：90–99.

❼ 陈彦斌. 中国城乡财富分布的比较分析［J］. 金融研究，2008（12）：87–100.

对城乡财富的分布、资产负债结构进行了较详尽的描述，发现城乡的财富分布不具有太大差异，但是城市的富裕人群要比农村的富裕人群持有更多财富，同时城市的贫困人群要比农村贫困人群更加贫困。陈彦斌、霍震和陈军[1]考虑到财产存在负值，借鉴陈（Chen）、曹（Tsaur）和瑞伊（Rhai）[2]的方法计算调整后的财富基尼系数，保证与通常基尼系数的可比性，他们的计算结果显示2005年和2007年中国城镇居民财产的基尼系数分别为0.56和0.58，与CHIP团队对1988年和1995年的测算相比，我国的财富分布程度已经出现了明显的加剧。梁运文、霍震和刘凯[3]利用北京奥尔多投资研究中心2005年和2007年的调查数据的测度认为我国的财产分布不平等程度已经比较严重，特别是农村的财产分布基尼系数已经超过城市。他们对财富分布的分解分析认为金融资产和房产是财富分布的主要原因，特别是房产不平等的增加，导致了财富分布的加剧。

CFPS数据团队也对中国家庭财富的存量和分布状况进行了分析。《中国民生发展报告（2014）》[4]指出2012年我国家庭净财富的基尼系数达到0.73，与1995年的0.45和2002年的0.55相比，我国财富分布程度在迅速升高，明显高于收入的不平等。就家庭财富的结构来看，房产是最重要的组成部分，城乡家庭财富中房产所占比例的中位数分别为80%和60%左右。报告指出，财富分布是许多社会矛盾的根源，却存在自我强化的功能，应该引起足够的重视。根据《中国民

[1] 陈彦斌，霍震，陈军. 灾难风险与中国城镇居民财产分布［J］. 经济研究，2009（11）：144–158.

[2] CHEN C, TSAUR T, RHAI T. THE GINI COEFFICIENT AND NEGATIVE INCOME［J］. Oxford Economic Papers, 1982, 34（3）:473–478.

[3] 梁运文，霍震，刘凯. 中国城乡居民财产分布的实证研究［J］. 经济研究，2010（10）：33–47.

[4] 谢宇，张晓波，李建新等.中国民生发展报告（2014）［M］. 北京：北京大学出版社，2014：10.

生发展报告（2016）》[1]，2014 年我国家庭财产的基尼系数达到 0.7，相比 2012 年的 0.73 有所下降。2014 年顶端 1% 家庭占有约 30% 的总财富，顶端 5% 家庭的财富占有达到近半数，相比 2012 年是有所下降的。但是底端 25% 的家庭拥有财富的比例不到 1%，相比 2012 年也在缩小，与顶端极富家庭的财产差距进一步扩大，家庭财富更多地向中部集中。皮凯蒂（Pikety）等[2]结合 CHIP、CFPS 以及胡润财富榜的数据对中国家庭的财富分布进行了研究，他们指出 2015 年中国顶端 10% 的家庭拥有财富占比为 67%，远高于 1995 年的 40%，财富分布的加剧速度非常迅速。这一比例高于大部分欧洲国家（比如法国的 55%），甚至逼近美国的 72%，财富的不平等程度在世界范围内也是比较高的。

除了基于调查数据的样本分析，孙楚仁、田国强[3]根据个人财富分布的帕累托（Pareto）法则设计了根据经济体中最富裕个体及其排名的相关数据来计算基尼系数的计算方法，并且利用胡润中国富豪榜的数据计算了中国 2000—2010 年的财富基尼系数。根据他们的估计，2000—2010 年我国的财富分布存在剧烈的波动，基尼系数从 2000 年的 0.826 下降到 2004 年的 0.349，后出现回升，到 2007 年为 0.767，此后保持在 0.620 左右，他们认为这一结果更加符合我国作为转型经济体的贫富差距剧烈变动现实和直觉感受。

虽然学者们测度的数据来源和财富定义不尽相同，但可以看到 20 年来中国的家庭财富分布程度存在明显的上升趋势，家庭之间的财富分布不断扩大。

---

[1] 谢宇，张晓波，李建新等.中国民生发展报告（2016）［M］. 北京：北京师范大学出版社，2017：1.

[2] PIKETTY T, YANG L, ZUCMAN G. Capital Accumulation, Private Property and Rising Inequality in China, 1978–2015［J］. NEBR Working Paper, 2017.

[3] 孙楚仁，田国强. 基于财富分布Pareto法则估计我国贫富差距程度——利用随机抽样恢复总体财富Pareto法则［J］. 世界经济文汇，2012（6）：1–27.

1.3.2 收入差距和财富分布的成因与影响研究

居民收入、财富水平的增长和分布的演化并不能对这些变化给出合理的价值判断，探讨这些变化是否合理以及产生的后果还需要挖掘其背后的原因[1]。差距的成因也是学术研究的热点之一，国内外学者致力于从中国的经济发展、体制改革、社会变迁中寻找收入差距和财富分布形成的原因，获得了一系列成果。

1. 收入差距的成因

收入差距扩大的成因是学者们关心的重要问题，也积累了大量定性和定量分析的研究成果。赵人伟、李实[2]把改革过程中影响收入差距的因素归纳为三大类：经济增长或发展、经济改革或体制变化、经济政策及其变化。他们从定性的角度分析了改革开放以来的各项改革措施、经济政策对收入差距的影响，比如城市非国有经济和农村非农产业的发展加剧了城乡内部的收入差距，渐进式改革中逐步推广的城市住房制度改革也加剧了城市内部和城乡之间的收入差距，农业税、个人所得税、城市补贴政策等经济政策对收入差距的变化也存在影响。

对收入差距形成原因的定量分析的一个重要研究途径是基于回归方程对影响收入差距的外生变量进行分解，比如瓦哈卡-布林德分解法[3]、夏普里分解法[4]等。

---

[1] 罗楚亮，李实，赵人伟. 我国居民的财产分布及其国际比较［J］. 经济学家，2009（9）：90-99.

[2] 赵人伟，李实. 中国居民收入差距的扩大及其原因［J］. 经济研究，1997（9）：19-28.

[3] OAXACA R. Male-Female Wage Differentials in Urban Labor Markets［J］. International Economic Review, 1973, 14（3）：693-709.

[4] SHORROCKS A F. Decomposition procedures for distributional analysis: a unified framework based on the Shapley value［J］. Journal of Economic Inequality, 2013, 11（1）:99-126.

万广华[1]对不平等指数的分解方法做了一个比较完整的综述。Wan[2]，基于夏普里分解理论提出一个基于回归方程的不平等分解框架，将不平等分解为回归方程中自变量的贡献，这个分解方法简单有效，可以运用到任何一个不平等度量指标。文章对中国农村收入的基尼系数、阿特金森（Atkinson）指数、泰尔指数以及变异系数的平方进行了分解，发现乡镇企业、教育和资本是农村区域间收入差距的重要因素。万广华、周章跃和陆迁[3]使用家庭水平的时间序列数据估计了中国农村 1995—2002 年的收入函数，对收入差距指标的分解结果显示地理因素和资本投入是导致农村收入差距的两个重要因素，土地因素可以减少收入差距但其影响是最小的。赵亮和张世伟[4]运用同样的方法对吉林省 2005 年和 2007 年的农村抽样调查数据进行了回归分解，发现农村的耕地、工资性收入和劳动力投入对农村内部收入差距的增加有显著影响，特别是耕地对农村的收入差距有超过一半的解释力，而教育能够一定程度上降低收入差距水平。

迟巍、黎波和余秋梅[5]在估计居民收入分布曲线的基础上将导致我国收入差距扩大的主要原因分解为两大类，一是劳动者的教育水平、行业分布等劳动力特点变化，二是这些特点回报率的变化，也就是“工资结构效应”。研究发现，劳动力特点回报率的变化是收入差距扩大的主要原因，比如教育回报率的提高，不

---

[1] 万广华. 不平等的度量与分解［J］. 经济学（季刊），2009，8（1）：347-368.

[2] WAN G. Accounting for income inequality in rural China: a regression-based approach［J］. Economic Research Journal, 2004, 32（2）:348-363；万广华. 解释中国农村区域间的收入差距：一种基于回归方程的分解方法［J］.经济研究, 2004（8）:117-127.

[3] 万广华，周章跃，陆迁. 中国农村收入差距：运用农户数据的回归分解［J］. 中国农村经济，2005（5）：4-11.

[4] 赵亮，张世伟. 农村内部收入差距变动的成因——基于回归分解的研究途径［J］. 人口学刊，2011（5）：50-57.

[5] 迟巍，黎波，余秋梅. 基于收入分布的收入差距扩大成因的分解［J］. 数量经济技术经济研究，2008（9）：52-64.

同行业、职业回报率差异的扩大。关于劳动力特点的回报率，白雪梅[1]也认为教育水平对收入差距程度的影响是不确定的，主要取决于教育回报率的演变。徐舒[2]通过一般均衡模型的分析表明教育回报率的变化是引起我国劳动收入差距扩大的重要原因。谢（Xie）和周（Zhou）[3]构建了一个简单的回归模型来对比中国和美国的收入差距状况，因为居民收入服从对数正态分布，则对数收入的方差对基尼系数是严格单调的，可以用对数收入的方差来表示收入差距程度，那么各因素对收入对数进行回归的拟合度就可以理解为该因素对收入差距的贡献程度。他们的研究发现地区差异和城乡差异对中国的收入基尼系数解释程度较高，而家庭结构和种族对美国的收入差距贡献更大。刘晓峰和曹华[4]在现金预付经济中推导了通货膨胀与收入差距之间的正向关系。

2. 财富差距的成因

中国转型发展的过程中，财富差距的形成机制是非常复杂的。薛宝贵、何炼成[5]从制度因素、政策因素、资产泡沫、市场机制四个方面对我国财富分布形成机制进行了逻辑分析。也有很多学者立足现有的财富数据，对财富分布的成因进行了实证研究，目前对财富分布成因的研究主要集中在以下几个方面。

个体特征：李实、魏众和古斯塔夫森[6]构建了住户的财产函数，其解释变量包括户主年龄所代表的生命周期效应，户主的教育水平和职业类型所代表的人力

---

[1] 白雪梅. 教育与收入差距：中国的经验研究［J］. 管理世界，2004（6）：53-58.

[2] 徐舒. 技术进步、教育收益与收入差距［J］. 经济研究，2010：79-92.

[3] XIE Y, ZHOU X. Income inequality in today's China［J］. Proceedings of the National Academy of Sciences of the United States of America, 2014, 111（19）:6928-33.

[4] 刘晓峰，曹华. 通货膨胀与收入差距关系的研究——基于信贷市场不完美的视角［J］. 南开经济研究，2011（3）：16-29.

[5] 薛宝贵，何炼成. 我国财富分布形成机制研究［J］. 福建论坛：人文社会科学版，2017（6）：10-17.

[6] 李实，魏众，古斯塔夫森. 中国城镇居民的财产分配［J］. 经济研究，2000（3）：16-23.

资本因素以及户主收入变量，根据财产函数的估计结果分析财产不平等的决定因素。梁运文、霍震和刘凯[1]的分析认为我国的财产分布符合生命周期理论预期，个人财产在 50 ~ 60 岁之间达到峰值，此外，职业、教育水平和政治身份也对财产分布的不平常有显著影响。

社会体制改革：李实、魏众和丁赛[2]用分解分析的方法对城乡之间的财产分布差距及其在全国差距中的分量进行了数量估计，发现房产和金融资产对总的财产分布不平等具有扩大效应，特别是城镇公有住房私有化过程中产生的房产不平等，是这一时期全国财产分布差距扩大到最重要推动因素。孟（Meng）[3]的分析发现中国家庭 1995—2002 年的财富积累中有很大一部分来自非收入因素，比如住房改革过程中以低价购买的公有住房，且财富积累过程中这部分人及其子女都获益更多，所以财富分布分化的过程中制度因素起到了一定作用。吴开泽[4]基于 2010 年广州住房调查数据研究了住房市场化改革进程中住房不平等的变动，他认为住房改革中的福利住房产权化和住房商品化降低了体制内外的住房不平等但扩大了精英和非精英阶层的住房差异，并且这种不平等相互叠加，通过代际传递加剧了年轻一代的住房分化。靳永爱、谢宇[5]根据 CFPS 数据的研究发现家庭政治资本对财产的影响更大，一是由于拥有政治资本的家庭从住房私有化改革中获得了极大的利益，二是体制内福利使得这些家庭的实际支出更低，财产积累更加

---

[1] 梁运文，霍震，刘凯. 中国城乡居民财产分布的实证研究［J］. 经济研究，2010（10）：33-47.

[2] 李实，魏众，丁赛. 中国居民财产分布不均等及其原因的经验分析［J］. 经济研究，2005（6）：4-15.

[3] MENG X. Wealth Accumulation and Distribution in Urban China［J］. Economic Development & Cultural Change, 2007, 55（4）:761-791.

[4] 吴开泽. 房改进程、生命历程与城市住房产权获得（1980—2010年）［J］. 社会学研究，2017（5）：64-89.

[5] 靳永爱，谢宇. 中国城市家庭财富水平的影响因素研究［J］. 劳动经济研究，2015（5）：3-27.

迅速，三是他们能够进行更加有效的投资，家庭储蓄更容易转变为家庭财富。

财富结构和价值变化：房产是家庭财富最重要的组成部分，房产价格的变化一直是影响财富分布的重要因素。亨利（Henley）❶对英国家庭住房数据的分析发现英国家庭住房财富的不平等程度在逐年上升，住房所有者因房价上涨获得了大量的资本收益。巴斯塔利（Bastagli）和希尔斯（Hills）❷利用BHPS数据的研究认为英国在1995—2005年中产阶层房产持有率上升和房价的上涨使得中产阶层财富迅速增长，进而带来了家庭财富分布的下降。沃尔夫（Wolff）❸指出2008年的金融危机改变了20世纪80年代以来中产阶层财富的稳定增长趋势，高杠杆率和房屋在家庭财富中占比较高的情况下房价的暴跌是中产阶级财富水平下降和财富分布上升的重要原因。斯坦斯（Steins）、舒拉里克（Schularick）和库恩（Kuhn）❹研究认为由于家庭资产结构的差异，美国20世纪90年代到21世纪初房价剧烈增长带来的财富增加大量集中于中产阶层，对财富分布的加剧具有缓冲作用，而金融危机期间房价的下跌导致中产阶级资产缩水，大大削弱了这种效应，导致财富分布程度上升。文章认为对家庭资产组合和资产价格变动的分布效应的深入理解有助于更好的分析财富分布变动。房价变动在中国家庭的财富分布演变中也扮演者重要角色，李实❺曾指出过去十多年，房价在某种程度上推动了财富差距的扩大。在不考虑房价的情况下，城市家庭财产基尼系数从2002年

❶ HENLEY A. Changes in the Distribution of Housing Wealth in Great Britain, 1985-91［J］. Economica, 1998, 65（259）:363 - 380.

❷ BASTAGLI F, HILLS J. Wealth accumulation in Great Britain 1995-2005: The role of house prices and the life cycle//［C］. Case Papers, 2012.

❸ WOLFF E N. Inequality and rising profitability in the United States, 1947 - 2012［J］. International Review of Applied Economics, 2015, 29（6）:741-769.

❹ STEINS U, SCHULARICK M, KUHN M. Wealth and Income Inequality in America, 1949-2013［C］// Meeting Papers. Society for Economic Dynamics, 2017.

❺ 李实. 中国财产分配差距与再分配政策选择［J］. 经济体制改革，2015（1）：21-21.

的 0.45 上升到 2010 年的 0.57，但加上房价因素后则上升到 0.66，房价在某种程度上成为推动财富分布的一个重要因素。陈彦斌和邱哲圣[1]构建了一个包含房价高速增长、住房需求内生和生命周期特征的 Bewley 模型，房价的高增长使富裕家庭进行投资性购房从而进一步推高了房价，这就导致部分年轻家庭不得不提高储蓄率，部分贫穷家庭无法获得足够的住房，导致家庭住房不平等程度的增加和居民福利水平的普遍下降。在中国，住房拥有对财富分布的影响机制还表现为住房改革过程中房产在国有单位和私营部门分配的不均，何晓斌、夏凡[2]根据 CHIP 数据的分析发现，住房商品化改革过程中，干部和国有单位工作的家庭更容易以折扣价从工作单位获得住房，随着住房市场的繁荣，这种住房不平等就转化成国有和私营部门家庭财富的更大差距，且这种不平等随着市场化的推进有加速扩大的趋势。此外，韩文龙、陈航[3]指出不同方式获得房产的居民在获取成本上存在差异，家庭财富的增值空间也就不同，比如通过经济适用房、单位低价购房、拆迁换房等非市场途径获得房产的居民在房产增值过程中会获得更多的收益，拉开与其他家庭的财富差距。

通货膨胀：陈彦斌，陈伟泽等[4]通过建立一个两部门两产品的 Bewley 模型研究发现较高的通货膨胀会加剧财产不平等。一是因为低收入人群在资产结构中持有更高比例的货币资产，容易在通货膨胀中遭受贬值损失，二是中国的通货膨胀带有结构性特征，容易恶化高恩格尔系数家庭的消费结构，导致财产减持和更高

---

❶ 陈彦斌，邱哲圣. 高房价如何影响居民储蓄率和财产不平等［J］. 经济研究，2011（10）：25-38.

❷ 何晓斌，夏凡. 中国体制转型与城镇居民家庭财富分配差距——一个资产转换的视角［J］. 经济研究，2012（2）：28-40.

❸ 韩文龙，陈航. 我国转型期居民间财富差距问题的主要矛盾及新型财富分配制度构建［J］. 政治经济学评论，2018（2）.

❹ 陈彦斌，陈伟泽，陈军，等. 中国通货膨胀对财产不平等的影响［J］. 经济研究，2013（8）：4-15.

的福利损失。

家庭金融行为：吴卫星、邵旭方和陶利斌❶根据2012年北京奥尔多投资研究中心发布的家庭调查数据，采用银行利率、股票指数走势、房价指数等宏观指标估算各种资产的平均收益率和负债利率，计算了样本家庭的资产收益率、负债成本率、杆杠率和资产增长的杠杆贡献率等指标，实证研究发现财富水平较高的家庭资产的收益率、风险资产参与率较高，而负债成本更低、杠杆贡献率更高，说明高财富家庭可以通过负债获得更多的受益，实现财富增长，财富的不平等存在自我放大的机制。经济金融改革时应注意实施加强、提高经济中信息的充分性，降低因市场失灵对家庭财富分布不均扩大的影响。吴卫星、秋艳春和张琳婉❷以夏普率作为投资组合优化程度的标准，研究发现高财富、高收入水平的家庭的投资组合更为有效，高财富家庭参与金融市场的深度和广度都更高，因而财富积累速度也更快，最终导致财富分布程度更高。尹志超和张号栋❸根据CHFS的研究发现金融知识对低财富组家庭的财富促进作用更大，所以金融知识的普及可以显著缩小家庭财富差距。

3. 收入差距和财富分布的影响分析

收入差距对经济增长的作用是一个讨论时间较长的话题，自库兹涅茨（Kuznets）❹提出收入差距与经济增长的倒“U”型曲线假说起，学术界就围绕这一话题进行了大量的探讨。根据库兹涅茨（Kuznets）的理论，经济发展初期往

---

❶ 吴卫星，邵旭方，陶利斌. 家庭财富分布会自我放大吗?——基于家庭财务杠杆的分析［J］. 管理世界，2016（9）：44-54.

❷ 吴卫星，丘艳春，张琳琬. 中国居民家庭投资组合有效性：基于夏普率的研究［J］. 世界经济，2015（1）：154-172.

❸ 尹志超，张号栋. 金融知识和中国家庭财富差距——来自CHFS数据的证据［J］. 国际金融研究，2017，366（10）：76-86.

❹ KUZNETS S. Economic Growth and Income Inequality［J］. American Economic Review, 1955, 45（1）:1-28.

往伴随着收入差距程度的上升，在短暂的稳定后经济的增长则会带来收入差距的下降，那么只要保持经济的持续增长，收入和财富的分配最终会趋于平等。卡尔多（Kaldor）[1] 提出由于边际消费倾向递减，收入差距的扩大会提高整体的储蓄率，加快资本形成，从而促进经济增长，也就是说收入差距通过影响资本的积累来实现对经济增长的推动。莫里斯（Mirrlees）[2] 提出不平等的激励效应，他认为对每个人都支付相同报酬的工资制度会挫伤个人努力的积极性，而存在一定的收入差距会提高物质资本和人力资本的生产效率，从而促进经济增长。而 20 世纪 90 年代以来，一些实证研究却显示收入差距与经济增长之间存在负相关关系，墨菲（Murphy）[3] 用国际贸易机制来解释这种负面影响，认为富人更倾向于个性化、高级的进口产品，收入差距的拉大会使得更多富人有能力消费进口商品，本国的工业部门就会因需求不足而无法成长，进而对经济增长产生不利影响。刘生龙[4] 通过 GMM 和 OLS 的估计从实证角度验证了倒“U”型关系的存在，结果显示基尼系数的合理区间为 0.37 ~ 0.40，高于这一数值时收入的不平等对经济增长产生阻碍作用。龙翠红、吴福象和洪银兴[5] 的研究表明收入差距对经济增长的影响主要来自农村内部的不平等和城乡差距，城市不平等对经济增长没有显著的影响。

中国几十年的发展中都存在消费低迷的问题，收入差距对居民消费的影响也

---

[1] KALDOR N. A Model of Economic Growth [J]. Economic Journal, 1957, 67 (268) :591-624.

[2] MIRRLEES J. An exploration in the theory of optimum income taxation [J]. Review of Economic Studies, 1971, 38 (2) : 175-208.

[3] MURPHY P, DALENBERG D, DALEY J. Improving International Trade Efficiency: Airport and Air Cargo Concerns [J]. Transportation Journal, 1989, 29 (2) :27-35.

[4] 刘生龙. 收入差距对经济增长的倒U型影响：理论和实证 [J]. 财经研究，2009，35 (2)：4-15.

[5] 龙翠红，吴福象，洪银兴. 收入差距与经济增长——基于中国省际面板数据的实证分析 [J]. 世界经济文汇，2010 (5)：25-37.

一直是学术界讨论的热点话题。绝对收入消费理论认为人们的边际消费倾斜会随着收入的上升而递减，所以高收入者比低收入者的消费倾向要低。收入差距的扩大使得收入更多地集中于高收入者，而高收入者的消费倾向比较低，就会形成全社会整体的消费低迷。而生命周期假说和持久收入假说的理论模型中，消费者会根据自身的生命周期和持久收入进行效应最大化的消费决策，因此，收入的分布状况并不会影响消费者的消费决策。

很多学者倾向于将“示范效应”和地位寻求引入收入差距对居民消费的影响机制中，他们认为收入差距的加剧导致高低收入者消费水平的差距加大，中低收入者会为了寻求更高的社会地位而进行攀比消费，进而对全社会的消费支出产生影响。拉古拉迈·拉詹[1]通过分析美国多年来的收入差距和住房、消费状况，认为美国储蓄率过低的原因在于社会收入差距的扩大加剧了人们的地位攀比，更多地刺激了人们对更高档甚至豪华住房的需求。孙（Sun）和王（Wang）[2]以村为单位研究了相对收入、收入差距对中国农村消费率的影响，实证表明收入差距与消费率是正相关的，低收入群体的地位寻求动机相对更强，会付出更多消费来“赶上琼斯一家”。杭斌、修磊[3]认为收入差距显著降低了中、低地位等级的家庭消费，收入差距扩大主要是抑制了非地位性消费且这种抑制与信贷约束有关。

墨菲（Murphy）[4]认为富人更倾向于个性化、高级的进口产品，收入差距的

---

[1] 拉詹.断层线：全球经济潜在的危机［M］.刘念，蒋宗强，孙倩，刘开雄，译.北京：中信出版社，2011.

[2] SUN Weikai, WANG Xianghong. Do Relative Income and Income Inequality Affect Consumption? Evidence from the Villages of Rural China［J］. The Journal of Development Studies, 2013, 49（4）: 533–546.

[3] 杭斌，修磊.收入差距、信贷约束与家庭消费［J］. 统计研究，2016，33（8）：73–79.

[4] MURPHY P，DALENBERG D，DALEY J. Improving International Trade Efficiency：Airport and air Cargo Concerns［J］.Transporcation Journal，1989，29（2）：27–35.

拉大会使得更多富人有能力消费进口商品，从而导致国内需求的萎缩。汪伟，郭新强[1]认为在贫富悬殊的情况下，穷人与富人之间的鸿沟几乎无法逾越，穷人即使将其收入全部储蓄也无法通过地位性消费进入富人俱乐部。他们用目标性消费理论来解释收入差距对居民储蓄倾向的作用：中低收入者受到更多的消费制约，在收入差距拉大、住房医疗教育等费用居高不下的情况下，中低收入者未来购房、婚嫁、养老等大额支出的目标会随之提高，为了实现将来的目标消费，他们会更多地储蓄，甚至会有比高收入者更高的储蓄倾向。

消费也与家庭财富水平有关，财富分布也会对居民消费产生影响，张大永、曹红[2]基于CHFS微观调查数据，以家庭为基本单位的实证分析表明家庭收入和各类财富都对家庭消费存在显著影响，其中中等收入家庭消费的收入弹性最大，而低收入家庭消费的财富弹性最大。也就是说，扩大中等收入群体、增加低收入家庭的财富持有量能够有效促进消费，而收入差距和财富分布程度的扩大不利于消费总需求的增加。

此外，卡尔多（Kaldor）[3]和帕西内蒂（Pasinetti）[4]的研究认为每个投资都有一个最低的规模，在金融市场不完备的情况下，大量财富集中在少数人手中才能实现一些需要较高初始投入和固定成本的投资项目。所以由于投资的规模门槛，财富分布的分化使得资本集中从而对投资增长产生积极影响。班纳吉（Banerjee）和纽

---

❶ 汪伟，郭新强．收入差距与中国高储蓄率：基于目标性消费视角的理论与实证研究［J］．管理世界，2011（9）：7–25.

❷ 张大永，曹红．家庭财富与消费：基于微观调查数据的分析［J］．经济研究，2012（s1）：53–65.

❸ KALDOR N. A Model of Economic Growth［J］. Economic Journal, 1957, 67（268）:591–624.

❹ PASINETTI L L. Rate of Profit and Income Distribution in Relation to the Rate of Economic Growth［J］. Review of Economic Studies, 1962, 29（4）:267–279.

曼（Newman）[1]认为初始的财富状况会影响个人职业选择，进而影响劳动力的供给和需求。加洛尔（Galor）和泽拉（Zeira）[2]也认为初始财富会使得一些人的人力资本投资受限，最终均衡时的人均产出将收敛在较低水平。财富的不平等会通过制约个人人力资本的提升而阻碍经济增长。伍再华、叶菁菁和郭新华等[3]根据CHFS数据的实证研究认为财富分布抑制了金融素养对家庭借贷行为的影响。

1.3.3 收入差距和财富分布的关联性

家庭财富是多期收入累积形成的，而财富的多少又会通过形成财产性收入、影响人力资本投入等途径影响居民的收入水平，所以收入差距和财富分布也存在一定的关联性，深入研究二者的关联性和相互作用的机制对正确理解不平等的形成、演化过程，以及制定更好的不平等治理政策都非常重要。目前，对收入差距和财富分布关联性的研究主要是理论方面，实证研究相对较少。

1. 收入差距与财富分布的动态演化

收入与财富分配的动态演化和收敛性一直是经济学界研究的焦点，很多学者通过经济理论模型的严格假设和推导来论证收入与财富分配的动态演化问题。

20世纪80年代以来，很多经济学者从不同理论和假设出发，研究了初始分配不平等对长期不平等的影响，以及收入差距和财富分布的收敛性。查特吉

[1] BANERJEE A. V., NEWMAN A. F. Occupational Choice and the Process of Development［J］. Journal of Political Economy 1993, 101: 274-298.

[2] GALOR O, ZEIRA J. Income distribution and macroeconomics［J］. Review of Economic Study, 1993（60）:35 - 52.

[3] 伍再华，叶菁菁，郭新华，等. 财富分布会抑制金融素养对家庭借贷行为的作用效果吗——基于CHFS数据的经验分析［J］. 经济理论与经济管理，2017，V36（9）：71-86.

（Chatterjee）[1]、文图拉（Ventura）和卡塞利（Caselli）[2]、李（Li）等[3]的研究表明，假设不存在个人能力差异和随机的经济冲击，在完全市场条件下，经济的平衡增长路径就是收入与财富分配不平等的稳态，此时收入和财富分配处于完全平等状态。贝歇尔（Becher）和托马斯（Tomes）[4]、卢里（Loury）[5]、卢卡斯（Lucas）[6]、穆里根（Mulligan）[7]等研究指出只有在存在持续的个人能力差异和持续的外部冲击的情况下，收入和财富分配的不平等才会持续存在。班纳吉（Banerjee）和纽曼（Newman）[8]、松山（Matsuyama）[9]、穆德吉（Mookherjee）和雷（Ray）[10]等研究则发现在资本市场或者劳动力市场不完全竞争的情况下，初始的不平等会持续下去，即使没有个人能力差异和外部的随机冲击，也会存在持续的不平等。

---

[1] CHATTERJEE S . Transitional dynamics and the distribution of wealth in a neoclassical growth model [J] . Journal of Public Economics, 1994, 54 (1) :97–119.

[2] VENTURA J , CASELLI F . A Representative Consumer Theory of Distribution [J] . American Economic Review, 2000, 90 (4) :909–926.

[3] LI H, XIE D, ZOU H F. Dynamics of income distribution [J] . Canadian Journal of Economics/revue Canadienne D é conomique, 2010, 33 (4) :937–961.

[4] BECKER G S , TOMES N . An Equilibrium Theory of the Distribution of Income and Intergenerational Mobility [J] . Journal of Political Economy, 1979, 87 (6) :1153–1189.

[5] LOURY G C . Intergenerational Transfers and the Distribution of Earnings [J] . Econometrica, 1981, 49 (4) :843–867.

[6] LUCAS R E. On Efficiency and Distribution [J] . Economic Journal, 1992, 102 (411) :233–247.

[7] MULLIGAN C. Parental priorities and economic inequality [M] . Chicago: University of Chicago Press, 1997.

[8] BANERJEE A V , NEWMAN A F . Occupational Choice and the Process of Development [J] . Journal of Political Economy, 1993, 101: 274–298.

[9] MATSUYAMA K. Endogenous Inequality [J] . Review of Economic Studies, 2010, 67 (4) :743–759.

[10] MOOKHERJEE D, RAY D. Persistent Inequality [J] . Review of Economic Studies, 2010, 70 (2) :369–393.

王弟海和龚六堂[1]构建了一个不考虑经济增长的新古典框架下的收入和财富分配动态演化模型，发现存在个人能力和偏好的差异时，资本和劳动收入的差异通过遗产机制对不平等产生动态影响，长期来看收入和财富的不平等存在稳定的状态且最终稳定的不平等程度与初始不平等和一次性的产权配置无关。王弟海和龚六堂[2]在上述模型的假设下讨论了内生经济增长模型中的持续性不平等问题，认为初始财富分配是否影响长期的持续性不平等取决于财富积累率和经济增长率之间的关系，如果财富积累率高于经济增长率，则初始不平等不会持续地影响地长期不平等。且经济增长率越高，稳定状态的不平等程度也会越高。

陈国汉[3]分别在无限期的拉姆齐模型、戴蒙德世代交叠模型以及带遗产机制和人力资本机制的时代交叠模型中讨论了初始的财富分布对持续的代际不平等的影响，以及经济增长过程中收入与财富分配不平等的动态演变趋势，研究认为收入差距与财富分布的收敛性主要取决于市场的完全性和要素收益的规模报酬。

皮凯蒂（Pikkety）[4]把生产要素分劳动和资本两大类，将国民收入分解为劳动收入和资本收入，他提出 $r > g$ 的公式，认为资本回报率持续高于经济增长率是导致财富分布持续扩大的根本原因。当一个国家的资本收益率高于经济增长率时，资本性收入的集中会导致更严重的财富分布。收入差距的增加会产生更多的财富分布，再反过来提高收入的不平等程度，恶性循环。

---

[1] 王弟海，龚六堂. 新古典模型中收入和财富分配持续不平等的动态演化［J］. 经济学：季刊，2006，5（3）：777–802.

[2] 王弟海，龚六堂. 持续性不平等的动态演化和经济增长［J］. 世界经济文汇，2007（6）：1–18.

[3] 陈国汉. 个人收入与财富分配不平等的动态演化研究［D］. 广州：暨南大学，2014.

[4] PIKETTY T. Capital in the Twenty-First Century:［M］.Cambridge: Harvard University Press, 2014.

2. 收入差距和财富分布的对比分析

高收入意味着积累财富的能力，财富往往是长期收入积累的结果，所以长期收入差距的积累必将助推财富的不平等；而财富可以形成资本，进一步获得更多的收入，所以财富的不平等也将拉大收入的不平等程度。一些文献从不平等的实际出发，通过微观数据的分析验证了收入和财富分布的正相关性，很多对不平等的测度和分解也一定程度上揭露了收入差距和财富分布之间相互影响、相互加强的事实。

孟（Meng）[1] 对 CHIP1995 年、1999 年和 2002 年数据的分析发现，收入水平高于平均值的家庭的财富积累更快，所以收入差距对财富分布的扩大有一定的推动作用。

梁运文、霍震和刘凯[2]根据北京奥尔多投资研究中心数据的测算发现 2007 年我国城镇的收入基尼系数高于农村，但财产基尼系数低于农村，二者并不是一致的。他们的研究表明，从截面数据来看，随着收入水平的提高，财产增加的速度也越来越快，反映出高收入家庭较低的储蓄率和较快的财富积累速度。

吴卫星和张琳婉[3]通过分位数回归发现财富较高的家庭拥有更多的财产性收入和更高的财产性收入比率，且财富对财产性收入的这种影响在高财产性收入的家庭更大，表明高财富家庭能够更多地从资本市场获利是财富分布日益集中的原因之一。

---

[1] MENG X. Wealth Accumulation and Distribution in Urban China [J]. Economic Development & Cultural Change, 2007, 55（4）:761–791.

[2] 梁运文，霍震，刘凯. 中国城乡居民财产分布的实证研究［J］. 经济研究，2010（10）：33–47.

[3] 吴卫星，张琳琬. 家庭收入结构与财富分布：基于中国居民家庭微观调查的实证分析［J］. 东北师大学报（哲学社会科学版），2015（1）：62–69.

李实、魏众和古斯塔夫森[1]利用CHIP1995年调查数据计算了按收入排序的财产集中率，其结果显示财产的集中率比基尼系数高出5个百分点，财产分配是向高收入家庭倾斜的，收入越高的家庭所占有的财富比例也越高。他们认为财产分配与收入分配之间的相关性取决于两方面的因素，一是收入分布结构的稳定性，稳定的收入分配结构下高收入人群的财富积累速度会快于低收入人群，形成与收入水平一致的财富水平分布；二是前期财产和现期收入对财产水平的影响大小，如果当期的财产水平主要由当期收入决定而前期财产积累不起明显作用，则会表现出收入分配与财产分配的正相关性。

赵人伟[2]根据十等分组的城乡居民所占比例对比2002年收入和财产的城乡差距，发现在低收入—财富组城乡之间的财产差距要小于收入，而中等收入—财富组，城乡之间的财产差距又超过收入差距，他认为这是中等组中土地的作用相对减弱而房产和金融资产相对增强引起的。但高收入—财富组的收入差距再次超过财产差距比较难以解释。

巫锡炜[3]的测度表明1995—2002年中国城镇家庭的收入差距指标存在大幅提升，而财富的不平等略有下降。宁光杰[4]提出扩大中低收入群体的财产性收入，提高财产性收入在总收入中的比重是缩小收入差距的一个途径，实现这一目标的前提是要对财产进行公平的分配并提高财产的增值能力。迟巍和蔡许许[5]使用国家统

---

[1] 李实，魏众，B.古斯塔夫森．中国城镇居民的财产分配［J］．经济研究，2000（3）：16-23.

[2] 赵人伟．我国居民收入分配和财产分布问题分析［J］．当代财经，2007（7）：5-11.

[3] 巫锡炜．中国城镇家庭户收入和财产不平等：1995—2002［J］．人口研究，2011，35（6）：13-26.

[4] 宁光杰．通过扩大财产性收入缩小收入分配差距的可行性分析［J］．中国经济问题，2009（3）：18-23.

[5] 迟巍，蔡许许．城市居民财产性收入与贫富差距的实证分析［J］．数量经济技术经济研究，2012（2）：100-112.

计局 1988—2009 年的城市入户调查数据，计算并分解了城市居民收入的基尼系数[1]，结果发现虽然财产性收入占总收入的比重比较低，对总收入差距的贡献比较小，但是在各项收入中财产性收入的基尼系数是最高的，且从 1988 年的 0.595 到 2009 年的 0.725，一直处于上升通道中，存在财产性收入的“马太效应”。

林芳、蔡翼飞和高文书[2]采用财产性收入来验证和分析家庭财富分布对收入差距的影响，指出财富持有和收入分配之间存在正向反馈关系，主要通过财产性收入这一“介质”体现。李实和万海远[3]指出居民收入与财产的关系：在通过收入流量形成财富存量的同时，财富也会形成新的财产性收入，财富与收入的关系再次通过财产性收入得到加强。李实[4]指出，中国过去30年间的财产差距和收入差距形成了一个相互影响、相互推进的机制，居民占有的收入份额与其财富份额之间有很强的正相关性。

吴福象和葛和平[5]提出财富占有的不平等会形成居民之间收入机会的不平等，进而导致贫富差距的扩大，造成当代中国社会贫富差距加剧的根本原因是资本而非劳动。

国外的相关研究中，赛斯（Saez）和祖克曼（Zucman）[6]计算了美国 1913 年至今顶端 1% 高财富人群的收入份额，认为是收入差距和储蓄率差距共同作用导

❶ PYATT G, CHEN C N, FEI J. The Distribution of Income by Factor Components［J］. Quarterly Journal of Economics, 1980, 95（3）:451-473.

❷ 林芳，蔡翼飞，高文书. 城乡居民财富持有不平等的折射效应：收入差距的再解释［J］. 劳动经济研究，2014（6）：152-172.

❸ 李实，万海远. 中国居民财产差距研究的回顾与展望［J］. 劳动经济研究，2015（5）：28-44.

❹ 李实. 中国财产分配差距与再分配政策选择［J］. 经济体制改革，2015（1）：21-21.

❺ 吴福象，葛和平. 资本占有量差异、收入机会不平等与财产性收入增长——基于扩大贫富差距的机制分析和实证检验［J］. 湘潭大学学报（哲学社会科学版），2014，38（6）：44-49.

❻ SAEZ E, ZUCMAN G. Wealth Inequality in the United States since 1913: Evidence from Capitalized Income Tax Data［J］. Quarterly Journal of Economics, 2016, 131（2）:.519-578.

致了财富的不平等，顶层极富人群拥有超高收入和很高的储蓄率，导致财富得以迅速积累，财富的集中进一步形成财产性收入的集中，造成收入差距和财富分布相互加强的“滚雪球”效应。斯坦斯（Steins）、舒拉里克（Schularick）和库恩（Kuhn）[1]借助消费者金融调查（SCF）的数据对美国1949—2013年的收入差距和财富分布状况进行考察，认为收入差距和财富分布的变动是不同步的，也是不对称的。20世纪50年代到80年代，美国的财富分布呈下降趋势，在80年代后期才有所提高，21世纪恢复到20世纪50年代的水平；而收入差距在20世纪70年代就开始上升，其上升幅度也较大，近年来收入差距程度远高于20世纪50年代。

尼古拉尼（Nicolini）和帕伦西亚（Palencia）[2]对西班牙18世纪50年代数据的测度发现家庭在收入分布中的位置与其在财富分布中的位置密切相关，家庭财富的增加也与家庭收入的增加相关。费希尔（Fisher）等[3]分析了美国1989—2016年居民家庭收入、消费和财富分布的联合分布，用同时处于两个维度最高5%的人口比例测度了二维和三维的不平等。他们的研究认为美国1989—2016年的二维、三维不平等与一维不平等的变动趋势完全一致，因此收入、消费和财富都可以用来反映居民福利和不平等程度。费希尔（Fisher）等[4]用平均消费倾向和财富－收入比研究了收入、消费和财富的两两关系发现1999—2013年美

---

[1] STEINS U, SCHULARICK M, KUHN M. Wealth and Income Inequality in America, 1949–2013［C］// Meeting Papers. Society for Economic Dynamics, 2017.

[2] NICOLINI E, PALENCIA F R. Comparing Income and Wealth Inequality in Pre-Industrial economies. Lessons from Spain in the 18th century［J］. Working Papers, 2016.

[3] FISHER J, JOHNSON D, SMEEDING T M, et al. Inequality in 3-D: Income, Consumption, and Wealth［Z］. Finance & Economics Discussion, 2015.

[4] FISHER J, JOHNSON D, LATNER J P, et al. Inequality and Mobility Using Income, Consumption, and Wealth for the Same Individuals［J］. Rsf the Russell Sage Foundation Journal of the Social Sciences, 2016, 2（6）:44–58.

国收入、消费和财富的不平等都是增加的，收入的变动会减少代内和代际的流动性，增加不平等，而财富越来越能够对收入的变动起到缓冲作用。当收入分配大量集中于消费倾向为 0.5 ~ 0.6 的高收入家庭（top3% ~ top5%）时，私人财富的积累会非常迅速。

1.3.4　文献评述

通过对现有文献的汇总和整理，可以了解到对收入差距和财富分布问题的测度、成因分析、国际比较方面的诸多成果积累，关于测算方法、不平等指数的分解、微观调查数据分析方法等方面都有很多成果值得借鉴，就现有的研究来看，可以对以下几个方面的问题进行进一步的探讨。

（1）将外在的收入差距与内在的财富分布相结合，对贫富差距问题进行综合的考察。学术界已经充分认识到贫富差距问题的重要性，也在贫富差距的测度、成因分析、治理政策方面取得了大量研究成果。很多学者借助一些大型入户调查项目的数据信息对中国的贫富差距进行了测度和分析，对贫富差距的严重程度、变动趋势、形成原因都进行了比较充分的研究。需要指出的是，现有文献对贫富差距的研究大多集中于单一维度，以收入或者财富的某一方面的分配状况来代表经济不平等。收入差距和财富分布之间是紧密关联的，但是也存在很大的差异性，其差异程度、形成机制、影响后果都不能一概而论，二者只是贫富差距的一种表现形式，并不能全面反映经济发展成果的分配状况。本书认为对经济不平等更深入的研究应该综合考虑收入和财富的分配情况，从多角度进行更全面分析。

（2）对收入差距和财富分布关联性进行深入的研究。居民收入的形成和财富的积累是两个紧密联系的过程，所以收入差距和财富分布之间也存在一定的关联性。现有的文献中，对二者的关联性和动态演化的研究大多集中于理论范畴，在诸多严格的假设条件下对收入和财富分配的动态演化进行严格的理论推导，这些经济理论的研究不仅尚未达成一致，也很难对复杂的现实问题进行解释。本书认为，财富分布不仅是经济问题，更是一个社会问题，对收入与财富之间的关系研究不能脱离现实，更加符合实际的研究应该将理论模型的一般规律和关系与实际经济运行的复杂性进行有机结合。目前，少量关于收入差距和财富分布关联性的实证研究是基于微观调查数据从统计学和统计方法的角度对收入差距和财富分布的比较和分解，一是两者的对比，二是通过基尼系数和集中率的计算观察二者是否存在相互加强的作用关系。但是现有研究还缺乏对收入差距和财富分布关联性的深入探讨，本书希望立足家庭收入和财富之间的互动关系，对收入差距与财富分布之间相互关联的路径、机制进行分析并对最终形成的影响关系进行量化测度。

（3）从收入的角度来理解财富的积累过程和财富分布差异性的形成原因。目前，对中国财富分布差异性成因的研究包括体制改革、房价变动、金融发展、通货膨胀等宏观因素，以及生命周期等个体特征，但是少有研究从收入获得和储蓄积累的过程来研究财富的积累过程，或者从收入差距的角度来研究财富分布的演变。从短期来看，收入分配对家庭财富积累的影响或许是比较小的，但这种影响是持续的，收入差距的长期积累对财富分布的作用是值得警惕的。本书希望能够细致对比不同收入水平下家庭的消费决策和储蓄行为对财富积累的作用，从收入的角度来理解财富分布差异性的形成过程，探究怎样的收入分配有利于财富分布的改善。

1.4 基于收入和财富关联性的财富分布优化思路

本书总体的研究思路是以收入差距与财富分布的关联性为出发点，通过对二者关系的分析和量化来寻求通过收入分配改善财富分布差异性的方法。具体来讲，一是在对收入差距与财富分布之间的理论关系进行分析的基础上构建收入差距与财富分布之间的关联模型，并利用相关数据和计量方法对这种关联关系进行量化，获得变量之间的数量关系；二是借助优化方案，对收入调节时的财富分布变化进行模拟，寻求在收入差距和财富分布的相互作用之下能够实现最低财富差异性的收入调节要求和宏观发展模式。

本书的研究要达到两个目标：一是设计一套体现财富差距与收入分布关联关系的模型，并根据相应数据和计量方法进行这种关系的数量估计，实现收入差距与财富分布关联关系的量化。用 I_w 和 I_y 分别表示财富和收入的泰尔指数，二者之间的关系可以用公式简化表示为

$$I_w = f(I_y) \tag{1-1}$$

二是构建一个目标规划模型，通过目标规划模型的优化求解寻求在满足各项约束和目标之下，能够达到最低财富差异程度的收入调整要求和宏观指标发展目标。这里的目标规划模型与收入差距和财富分布的关联模型是紧密相连的，具体来说后者是嵌套在前者之中的，后者所表述的收入差距与财富分布之间的数量关系要作为约束条件进入目标规划模型，用公式可以简化表示为

$$\begin{aligned} &\min I_w \\ &\text{s.t. } I_w = f(I_y) \end{aligned} \tag{1-2}$$

围绕研究思路，本书的主要研究内容和技术路线梳理如图 1–1 所示，每部分的研究内容对应不同的技术和方法。

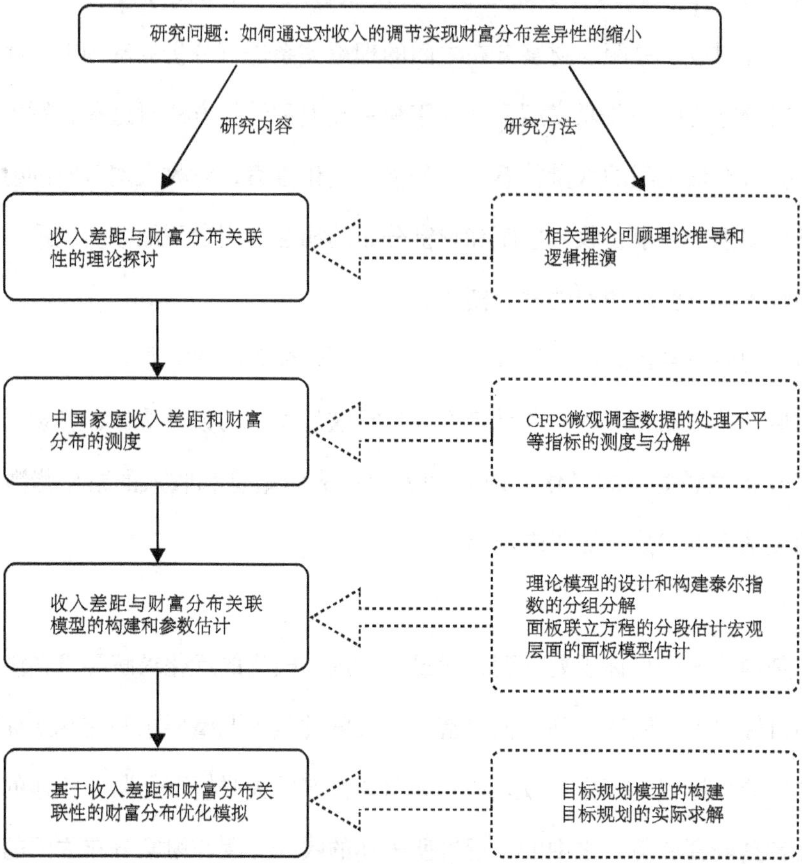

图 1–1　主要研究内容和技术路线图示

收入差距和财富分布作用关系的理论分析首先需要对相关理论进行回顾和讨论，在此基础上进行适当的理论推导和逻辑推演，结合实际情况对二者相互作用的机制路径进行阐述。

家庭收入差距和财富分布实际测算的部分是基于 CFPS 家庭追踪调查数据进行的，涉及微观数据的处理，此外不平等指标以及收入差距与财富分布关联性的初步测度需要一系列指标的测算和分解方法。

收入差距与财富分布关联模型的构建是通过分组数据实现家庭层面收入与财富相互作用与宏观层面收入差距与财富分布关联性的连接。量化估计中首先需要推算用分组数据计算泰尔指数的公式，实现家庭层面与宏观层面的连接；计量模型方面一是根据 CFPS 追踪调查数据实现家庭层面收入与财富相互作用的分段估计，这里用面板联立方程模型的形式，二是宏观层面整体收入、财富水平与不平等指标以及其他经济变量之间的作用关系，这里用省级的面板数据进行面板模型的估计。

财富分布的优化测算需要根据收入差距和财富分布的关联模型设计目标规划模型，设定恰当的约束条件，实现多项目标和变量间关系的合理约束，并通过目标规划模型的实际求解得到财富差距的最小值和对应的收入分配状况。

本书研究过程中的创新性探索主要体现在以下三个方面。

第一，提出通过收入分配政策进行财富分布调节的思路。

以往对贫富差距的研究大多侧重单方面的收入分配或财富分布情况，未能充分考虑二者的相互作用以及在这种作用下不平等的发展和演变。本书指出财富分布问题的研究应该与收入分配相结合，应该考虑收入分配格局对财富分布变动的影响，提出通过收入分配政策进行财富分布调节的思路。财富由少到多的积累与收入的获得密不可分，那么收入分配政策对家庭收入的调整就会传导到家庭的财富水平，改变不同家庭的财富积累轨迹，收入分配的合理调整也能够实现财富分布的合理化、均等化。与财产税等直接的调节手段相比，收入分配政策对财富分布的间接调整虽然短期内可能幅度较小，却是持续的，这种作用的长期积累能够从形成过程上对财富的分布起到温和而有效的调节。

第二，设计了一套对收入差距与财富分布关系进行数量估计的关联模型。

学术界开始已经关注收入差距和财富分布之间的关系，也有一些学者探索二者之间的动态演变，但此类研究侧重于理论层面的规范分析，所构建的理论模型都包含非常严格的假设条件，所得到的结论在实际经济社会发展中的指导意义也较弱。相比之下，本书更侧重基于实际数据的数量分析，通过微观家庭数据与宏观数据的结合实现了收入差距与财富分布之间关联关系的量化估计，将理论研究落实到实际分析。

具体来说，本书从家庭层面收入和财富的互动关系出发，对家庭数据进行分组处理，并利用泰尔指数的分解实现分组数据与宏观不平等数据的连接，据此设计了一套体现收入差距和财富分布之间关联性的模型，并借助相关的计量工具实现了二者关联关系的测算。本书的创新在于分别估计了各组家庭收入与财富之间的作用系数，这样各组收入的变动就会带来财富水平不同程度的变化，实现收入差距与财富分布之间的关联。

第三，构建目标规划模型求解财富分布改善的要求。

本书中我们基于收入差距和财富分布的关联关系，构建了多目标规划模型来求解最佳财富差距状态。这里的最佳财富分布是指满足各项约束的最低财富差距水平。该模型既考虑了调整过程中收入差距与财富分布的相互作用，也考虑了财富分布调整中公平与效率的相互制约，还把收入差距的缩小、收入与财富水平增长、教育政策、城市化发展等目标纳入其中，通过多目标规划模型求解得到的优化状态就是当前经济社会发展状态下能够满足所有约束的最低财富差距水平，此时的收入分配状态、经济指标就是其对应的调节目标。相比理论假设下的推算，这种优化模型的求解方法更符合实际，优化结果在政策调节中的实际参考价值更高。

由于作者专业水平和数据条件的限制，本书的研究尚存在不足之处，比如本书对收入差距和财富分布之间相互作用的机制主要源于逻辑推演，缺乏对各种机制的规范论证；应用多目标规划的方法进行财富差距和最佳收入分配策略的测度，得到的结果符合实际，但缺乏一般适用性；本书采用数据年限较短，没有涉及代际间的影响关系，未能体现财富的代际传递等。随着数据条件的改善，今后的研究中可以在这些方面进行更加深入的挖掘。本书最主要的贡献在于提出通过收入分配政策进行财富分布调节的思想，指出收入调节中的财富分布目标。笔者希望在本书的抛砖引玉之下，能够有更多对收入差距和财富分布关系的深入研究，为贫富差距的动态演化和综合治理提出更多实用有效的建议。

1.5　本书各章的内容安排

本书将全部内容分为紧密联系的 7 章，具体安排如下。

第 1 章是收入分配和财富分布问题。本章首先从不平等问题加剧和收入差距与财富分布的差异性与关联性的角度介绍了本书的研究背景和意义，提出收入差距与财富分布关联性的研究有助于更好地理解不平等演变过程和实现二者协调之下财富的合理分布。第 1 章还对收入、财富、不平等的基本概念进行了界定，并对国内外收入差距与财富分布的相关文献进行了梳理，最后提出全书的研究思路、研究方法和主要创新点。

第 2 章是收入差距和财富分布关联性的理论分析。本章从家庭收入获得与财富积累的过程出发，明确了家庭层面收入与财富的互动关系，然后据此推导了宏观层面收入差距与财富分布的关联关系。在此基础上，本章对收入差距与财富分布之间的作用路径进行了详细的分析和阐述，收入差距对财富分布的作用路径一方面是通过储蓄直接造成财富积累的差异性，另一方面是影响房产的拥有并间接造成财富增值的差异；财富差距对收入分布的作用一方面是影响收入分配秩序，另一方面是对收入获得的影响，包括直接形成财产性收入和间接作用于劳动收入。

第 3 章是收入差距和财富分布的测度。本章的主要内容是根据中国家庭追踪调查（CFPS）2010—2016 年的数据进行了中国家庭收入差距和财富分布的实际测度和分析：第一，从收入和财富分布差异、分项构成、结构等方面详尽描述了中国居民家庭的收入和财产分布状况；第二，对中国的收入差距和财富分布指标进行对比分析，初步指出二者的相关性和互动关系。

第 4 章是收入差距和财富分布相互作用的联立方程模型。本章借助 CFPS 对我国省际的家庭收入和财富基尼系数的测度，构建了省际面板联立方程模型来分析收入差距与财富分布的相互作用。模型的实证结果验证了收入差距与财富分布的相互加强关系，同时，联立方程模型也显示一定程度的收入差距对经济增长和社会稳定存在正面的影响，而财富分布差距的持续扩大不利于经济的增长，也容易增加社会矛盾，这更加说明财富分布不均才是经济社会不平等的核心问题，是我们需要更加关注的问题。

第 5 章是收入差距和财富分布关联模型构建与参数估计。本章从家庭层面收入与财富的互动关系出发，通过分组的方式把微观的家庭收入和财富信息与宏观的收入和财富分布信息连接起来，实现收入差距与财富分布关联模型的构建。在此基础上，本章还借助 CFPS 家庭调查数据和相关宏观数据进行了该模型的参数估计，借助相关数学和计量方法实现了从理论关系到具体数量关系的转换，包括分组收入、财富与整体水平、不平等指数之间的计算关系，家庭层面各组收入与财富的相互影响系数，以及宏观层面不平等对整体收入、财富水平的影响。关联模型的参数估计为基于二者关系的财富分布优化测算提供变量间的约束关系。

第 6 章是基于收入差距和财富分布关联模型的财富分布优化模拟。本章是基于收入差距与财富分布的关联模型，构建以财富分布最小化为目标的规划模型，寻求能够满足收入、财富的适度增长，兼顾社会公平和各项经济目标等约束条件的收入分配策略和宏观经济指标。通过优化方案与实际数据的对比，就可以得到通过收入分配和宏观政策调整来实现财富分布降低的策略。优化结果显示，财富分布差距的降低需要对最低、最高收入组的家庭收入进行最大程度地提高和限制，同时对中等收入家庭进行适当调节，形成逐步提高较低的 50%、较为接近的中间 40% 和最高的 10% 的收入结构；同时，宏观政策方面，应该继续大力发展经济、控制房价过快上涨，在教育和城镇化发展过程中注重对较低 50% 家庭的保护。

第 7 章是结论和对策建议。对全文的研究结论和主要观点进行了梳理和总结，并提出简单对策建议。

第2章　收入差距和财富分布关联性的理论分析

就居民家庭而言，收入是某一段时间的流量，而财富是某一时点的存量，收入水平和财富水平既非完全独立也非完全同步；上升到地区、国家层面，收入分配差距与财富分布之间也存在许多直接、间接的作用关系，存在复杂的关联性。本章的主要内容是对收入差距和财富分布之间的关联性进行理论分析，在对相关理论进行回顾的基础上，首先从家庭收入和财富的相互作用出发，推导了收入差距与财富分布的关联机制，然后结合实际情况对二者相互作用的路径进行了详细分析和阐述。

2.1　收入分配和财富分布的相关理论

2.1.1　收入分配相关理论

收入分配是生产过程中收入的来源和归属问题，连接着生产与消费，是经济运行中一个非常重要的环节，古典经济学家曾把收入分配理论视为经济理论的核心部分。在经济学中，收入的来源是各种生产要素参与生产活动所创造的价值，收入就是生产要素所有者在提供生产要素服务之后所获得的回报，生产活动创造的总价值在各个生产要素提供者之间如何分配，就是收入的分配问题。

1．收入来源和收入分配差距

收入分配理论与收入来源的相关理论紧密相连，比如重商主义认为收入和社会财富的来源是商品交换过程，或者说是流通领域，因此，重商主义的收入分配理论认为商人是收入的最大创造者，也应该是获得收入最多的人。而重农主义经济学认为商业活动仅仅是使一部分人的财富减少，另一部分人的财富增加，并不能增加全社会的财富总量，他们指出财富的产生意味着物质本身的创造，只有农业和矿业才能依靠土地创造物质，真正产生财富，因此，从事农业生产活动的人应该得到最多的收入。

古典经济学劳动价值理论：产业革命后生产力的发展和社会财富的不断增长下，很多经济学家意识到财富实际上是人们用劳动改造自身得到的。英国经济学家威廉·配第的著名论断“土地是财富之母，劳动是财富之父”肯定了劳动之于财富的重大作用。著名经济学家亚当·斯密在《国富论》中系统地阐述了劳动价值论，说明了人类财富的主要来源，承认劳动者在生产中创造财富的作用。亚当·斯密的论述中指出，劳动是衡量一切商品交换价值的真实尺度，商品的价值取决于生产它所要耗费的劳动量。商品的价值等于它所能购买到的劳动价值。

马克思主义收入分配理论：马克思主义的收入分配理论是建立在劳动价值论的基础上，突出了劳动的作用，认为人类财富主要来源于劳动。马克思主义收入分配理论的一个基本要点是具体劳动只能创造商品的使用价值，而不能真正创造价值。具体劳动是指人的劳动与物质生产资料相似的一面，比如人可以耕地，牛或者机器也可以耕地，这只是创造商品的使用价值。而人所独有的、物质生产资料不具备的适应人类需求改造自然、为人类提供财富的劳动——抽象劳动才能真正创造价值。所以，马克思认为财富是劳动者创造的，物质生产资料不应该参与收入的分配。当然，马克思经济学并不是否认生产过程中物质生产资料的作用，但强调二者的作用是不同的，物质生产资料是一个被动的因素[1]，只有人主动地利用物质生产资料去满足人类的需求，才能创造新的价值，才是财富的主要来源。

新古典经济学要素价格决定理论：要素价格决定理论把收入分配问题看作是一般价格问题的一个方面，即生产要素的价格决定问题。按照西方经济学的理论，劳动、资本、土地等生产要素各自的价格就是他们在生产活动中所获得的报酬，也就是分配的结果。各生产要素的价格取决于其需求与供给，是市场规律运作下的自然结果，因此，收入分配理论也被称作生产要素定价理论。

在传统的要素定价理论中，收入也就是要素的价格由各要素的边际产出决定。厂商使用要素的原则是边际收益等于边际成本，即 MRP=MRC。在市场机制的运行下，生产环节所创造的收入以不同的形式分配到生产要素的提供者手中：劳动者付出劳动，以工资的形式获得收入，工资水平等于劳动的边际收益产品；资本家提供实物与货币资本，以利息的形式获得收入，利息水平等于资本的边际收益产品；土地所有者在生产环节提供土地，以地租的形式获得收入，地租水平等于土地的边际收益产品；企业家提供企业家才能，以利润的形式获得收入。

与劳动价值论不同的是，要素价格决定理论指出财富的创造既需要人的劳动，也需要物质生产资料，土地、资本等物质生产资料也应该参与收入分配，获得地租、利润和利息。这种理论事实上是将工资等同于物质生产成本，将人之间

[1] 裴小革. 论收入分配理论的历史演变和劳动价值论的实践价值 [J]. 当代经济科学，2003，25（1）：22-26.

的分配关系等同于物之间或者人与物之间的分配关系，物质生产资料的所有者不必付出劳动，可以参与收入的分配。

现代西方经济学的各种收入分配理论大多建立在要素价格决定理论的基础上，承认财富创造过程中物质生产资料的作用，将人的劳动作为一种生产要素参与收入的分配。在完全竞争的市场条件下，各种要素的报酬是按其对产出的贡献分配的。

2. 收入分配和经济增长

20 世纪 50 年代，收入分配理论的研究重点不再局限于财富由谁创造，谁应该获得更多的收入，而是重点研究收入分配与经济增长之间的关系，考察怎样的收入分配更有利于经济的增长。库兹涅茨（Kuznets）[1] 提出经济增长与收入差距倒“U”型关系的假说以来，经济学家利用不同国家、不同时期的数据对这一假说进行了丰富的验证，但有些研究认为收入差距有利于经济增长，有些却得出不平等会损害经济增长的结论，并未达成一致。实证研究结论的矛盾就为理论发展留下了巨大的空间，各经济学派从不同角度分析了收入分配与经济增长的关系。

凯恩斯主义的观点：凯恩斯主义是建立在有效需求原理之上的，有效需求决定了全社会的经济产量，失业和经济衰退是由于有效需求不足造成的。凯恩斯并没有提出专门的收入分配理论，他对收入分配的研究是为了通过收入分组政策来调节有效需求，实现充分就业。凯恩斯的消费理论认为人们的消费倾向随着收入的提高而降低，所以收入分配不平等状况下，大部分人收入水平较低，消费需求受到限制，而拥有较高收入的少数人消费倾向很低，这就导致全社会的消费需求减少。所以，凯恩斯主义认为经济发展中有效需求不足的一个重要原因就是收入分配不公，收入分配的合理化是实现充分就业、促进经济发展的重要条件。凯恩

[1] KUZNETS S. Economic Growth and Income Inequality［J］. American Economic Review, 1955, 45（1）:1-28.

斯主义的收入分配理论主张降低收入分配不平等，促进有效消费需求和投资需求的增加。一是加强对富人的税费征收，通过对富人征税来进行收入的二次分配，降低收入分配的不平等程度，提高平均消费倾向。二是减少资本所得，通过降低利率来刺激投资需求，扩大社会的有效需求。

内生财政政策理论：内生财政政策理论强调收入分配通过影响政府的财政收支对经济增长产生的作用。该理论认为，政府的财政支出和税收是投票的结果，而根据中间投票人定理，最终的财政政策是中间投票人偏好的政策，所以不同的收入分配格局下中间投票人的收入状况不同，其最终的财政政策也不同。具体来说，税收方面，穷人会倾向于支持较高的税率，而随着收入的提高和纳税负担的增加，富人会倾向于较低的税率。因此，中间投票人，或者说在收入分配上处于中位数的群体占总收入的比例越高，最终的税率就越低，有利于投资的增长和经济发展；而在一个收入分配不平等、收入差距较大的社会中，中间投票人的收入要低于平均收入，最终会形成较高的税率，对投资需求和经济增长产生负面影响。所以，根据内生财政政策理论，收入分配不平等是不利于经济增长的。

社会稳定机制：还有一类观点认为收入分配的不平等和贫富分化可能引发社会矛盾和社会冲突，从而损害经济的增长。一是收入差距导致的社会不稳定，在不平等程度高、贫富分化严重的社会中，人们有着强烈的冲动在社会规则和法律、政治渠道之外进行寻租活动、寻求社会变革，造成社会和政治的不稳定。二是社会不稳定对经济增长的冲击，一方面社会不稳定必然导致对现行的社会体制、社会规则和法律的冲击，造成投资环境的不稳定，削弱投资热情；另一方面严重的不稳定会直接中断正常的市场秩序，影响雇佣关系、生产活动和交换活动，对经济增长产生直接的负面影响[1]。

---

[1] BENHABIB J, RUSTICHINI A. Social Conflict and Growth [J]. Journal of Economic Growth, 1996, 1 (1) :125–142.

2.1.2 财富分布相关理论

经济学研究中收入分配的对象是生产活动中所获得的收入，即付出劳动的工资回报和投入资本的收益。收入差距反应的是个体劳动回报率和社会经济利益回报率的差异，属于经济学的范畴。在实践中，收入差距会自然造成消费和储蓄的差距，储蓄的跨期和跨代积累又形成财富的差距。财富分布差异性既属于经济学范畴，也隶属社会学范畴。经济发展领域的很多因素都可能造成财富分布的不平等，但很多社会原因也与之密不可分，比如文化因素、消费习惯等。

马克思主义资本论：马克思认为资本家为追求更多的剩余价值会不断增加资本积累，而随着资本的积累和集中，企业规模越来越大，生产社会化程度越来越高，经济增长过程中收入分配会越来越向少数资本家集中，进而使得资本进一步集中到资本家手中，全社会的收入与财富分配不平等程度不断上升，出现贫富分化。所以，马克思主义理论认为私有资本的不断积累将会导致社会财富最终集中在少数人手中，出现无产阶级和资产阶级的割裂。

古典资本积累理论：古典资本积累论认为资本积累来源于资本家的储蓄，当财富和收入更多地集中到资本家手中时，资本家收入越多，储蓄率越高，就能实现更多的资本积累，引致更多的投资。因此，应当让财富和收入更多地集中于资本家手中，提高全社会的生产效率。

凯恩斯的财富理论：凯恩斯的有效需求理论认为财富分布的集中会造成全社会有效需求不足，不利于经济的增长。当财富集中在少数资本家手中，他们消费率较低就会大大降低全社会的消费倾向，造成需求不足，不利于经济发展和资本积累。因此，应该实施税收等政策进行收入和财富的二次分配，改变财富分布的状况，提高全社会的消费倾向。

皮凯蒂的财富分布思想：法国经济学家托马斯·皮凯蒂在其著作《21 世纪资本论》[1]中研究了法国、英国、美国和瑞典财富分化的历史演变过程，根据数据事实提取出财富分化的机制，认为在资本收益率明显高于经济增长率的低速增长社会中，会出现财富集中和财富分布的扩大。因为在资本收益率高于经济增长率的社会中，财富足够多的家庭即使不从劳动中获得收入，仅靠资本收益就可以满足家庭的消费需求。如果资本收益率远高于经济增长率，或者财富水平足够高，则不必消耗完每年的资本收入就可以过得很好，可以获得更多的储蓄，财富的增长快于经济的增长，财富的不平等会出现持续扩大的倾向。例如，法国 1820—1913 年的资本收益率约为 5%，经济增长率约为 1%，资本收入占国民收入的比重接近 40%，那么将其中的 1/4 作为储蓄就能达到约 10% 的储蓄率，足够让财富增长得比收入更快，这将带来财富的进一步集中。

《21 世纪资本论》最核心的观点就是由于 $r > g$，资本所有者就能更多地享受发展的成果，获得比经济增长率更高的资本收益率，拥有的资本越多，其财富增长速度就越快，社会发展中存在着财富越来越集中的强大动力。根据皮凯蒂的观点，遏制财富分布扩大、实现财富公平分配的重要手段是通过税收来实现对这种动力和趋势的冲击，包括累进税、资本得利税以及最重要的全球资本累进税，通过税收的调节降低资本的税后收益率，遏制富人的财富增长速度，从而改变财富分布的演化趋势。

2.1.3 各学派对不平等现象的观点

收入和财富的分配问题一方面关系着经济的增长和经济运行效率，另一方面

[1] 皮凯蒂. 21世纪资本论［M］. 巴曙松，等，译.北京：中信出版社，2014.

关系着“人人平等”的人类社会基本价值观念，如何在二者之间进行协调平衡，一直是西方经济学界关注的一个重大理论问题。收入和财富的不均衡性的存在是否合理？应该如何看待和处理收入差距现象？西方经济学界不同的理论、流派的观点也不尽相同。

古典经济学家认为收入分配是市场规律运作的自然结果，只要市场机制能够发挥充分作用，生产要素的价格及其所获得的收入就是公平合理的。在充分、自由、完全竞争的市场经济状态下，不同要素持有者因其贡献大小而获得不同的报酬，收入的差距体现了不同要素、不同行业、不同地区、不同厂商的生产效率和创造的边际收益的差别，这种回报率的差距也有助于要素的流动和在生产活动中的有效配置。因此，新古典经济学的收入分配理论认为收入差距是市场机制运行下公平合理的结果，有利于要素的有效配置和经济效率的提高，不应该对收入差距进行人为干预。

福利经济学把社会福利的增加也加入收入分配的考察条件中，社会福利函数认为经济效率只是社会福利最大化的必要条件，而收入分配的平等性才是充分条件。福利经济学的分配理论认为货币与其他商品类似，也符合边际效用递减的规律，因此，随着收入的提高，单位货币带来的边际效用不断递减，同样一家单位的货币，分配给低收入者比分配给高收入者能够带来更多的边际效用，也能增加更多的社会福利。因此，福利经济学主张国民收入均等化，认为“分配越均等，社会福利就越大”。

在福利主义经济学的影响下，加之凯恩斯主义兴起下“主张政府干预、反对放任自由”的观点得到认可，收入分配政策成为西方经济学和政府对付不平等现象的重要手段，多个西方国家成为“福利型”社会。福利型国家的实质是由国家进行国民收入的再分配，通过向中产阶级和富裕阶级征收较高的税收，实现对低收入阶层的福利覆盖。福利国家在提供保健服务、缩小贫富差距、促进社会公平、减少社会分化和利益冲突方面有其独特的作用，西方国家强大的生产能力也为政府的再分配政策提供了物质基础。但是福利型社会也有其问题，比如财政负担较重、资本出逃、经济增长缓慢等，西方国家不断暴露的经济危机、债务危机也导致出现“福利国家危机论”，自由主义经济学再度崛起，公平和效率的讨论和博弈一直在进行中。根据经典的福利经济学理论，公平和效率之间存在不可避免的取舍，减少不平等只能以减少经济产出和降低增长速度为代价。也就是说平等地“分蛋糕”很可能导致“蛋糕”变小，分配更公平的“小蛋糕”并不一定优于分配不公的“大蛋糕”。

2.2　收入差距和财富分布关联性的探讨

收入差距和财富分布是两个不同的概念，但由于家庭收入和财富密不可分的关系，二者也存在千丝万缕的联系。本小节从家庭层面收入和财富的互动关系出发，通过家庭收入和财富的相互作用来推导宏观层面收入差距和财富分布的作用关系，结合相关理论探讨了二者的关联性和作用机制。

2.2.1　家庭收入和财富之间的作用关系

从微观家庭层面讲，家庭获取收入、进行消费决策、积累财富的过程自然形成了家庭收入与财富之间的作用和关联。我们假设一个家庭生存 T 期，家庭成员具有一定的劳动能力，能够获得劳动收入；每个家庭在期初可以从父代那里获得遗产 W_0 作为期初财富，经过 T 期的生存和积累后，再将自己的期末资产 W_T 作为遗产传递给下一代。这样，可以推导出家庭收入和财富之间的互动关系。

家庭收入主要来自期初财富和劳动所得，即资本和劳动的要素报酬。另外，个人还可以获得一些随机收入，如转移性收入，从全社会来看，随机收入类似于家庭之间收入的一种随机再调整，所以所有家庭随机收入的总和为零。用 W_{t-1} 表示某家庭第 t 期的初始财富，或者说第 t–1 期的财富水平，A_t 和 u_t 分别表示第 t 期该家庭能够获得的劳动收入和随机收入。这样，个人每期的总收入可以表示为

$$Y_t = rW_{t-1} + A_t + u_t \tag{2-1}$$

其中，r 为资产收益率，rW_{t-1} 为第 t 期的资本所得，或者说家庭的财产性收入，包括房租、地租、利息等。这样，家庭收入由三个部分组成：资本所得、劳动所得和随机收入，其中资本所得取决于期初所拥有的资本量及资本收益率，劳动所得很大程度上取决于个人的能力和努力程度。

家庭期初的财富加上当期所获得的收入构成家庭在 t 期可以支配的财富总量，从中扣除消费支出后，就形成期末所拥有的财富。家庭在 t 期期末所积累的财富可以表示为

$$W_t = W_{t-1} + (Y_t - C_t) \tag{2-2}$$

其中，C_t 为第 t 期的家庭消费，是连接收入和财富的关键因素之一，消费倾向越低的家庭，财富积累越迅速。家庭进行消费决策时不仅考虑当期的消费水平，还要考虑家庭未来的大额支出和子代的初始财富，具有积累较多的期末财富的动机。家庭成员会在自身消费需求和对未来生活的关心之间进行权衡，作出消费决策。所以家庭的效用函数除了由生存期的消费水平决定外，还定义在期末的财富水平上[1]可以表示为

---

[1] BANERJEE A V, NEWMAN A F. Occupational Choice and the Process of Development [J]. Journal of Political Economy, 1993, 101 (2) :274–298.

$$U_t=(1-\theta)\ u(C_t)+\theta u(W_t) \tag{2-3}$$

其中，θ 代表贴现率，可以看作对未来生活的重视程度，或者父代对子代的关心程度。假设效用函数的形式为 $u(c)=\ln(c)$ [1]，则家庭效用函数为

$$U_t=(1-\theta)\ln C_t+\theta\ln(W_{t-1}+Y_t-C_t) \tag{2-4}$$

家庭效用最大化时要求：

$$\frac{\partial U_t}{\partial C_t}=\frac{1-\theta}{C_t}-\frac{\theta}{W_{t-1}+Y_t-C_t}=0 \tag{2-5}$$

通过家庭行为的优化选择可以得到家庭消费方程：

$$C_t=(1-\theta)(W_{t-1}+Y_t) \tag{2-6}$$

家庭消费不仅由收入水平决定，更与期初所拥有的财富有关。实际上，家庭消费决策中是将期初的财富和当期的收入都视作家庭所拥有的资源，在当期的消费享受和未来的财富积累之间进行权衡决策。C_t 值越大，表示家庭对未来的财富积累越重视，当期的消费水平也就越低。θ 可以看作广义的储蓄率，是家庭所拥有的财富和收入中用于积累的比率，那么家庭储蓄率 s 为

$$s=\frac{Y_t-C_t}{Y_t}=\frac{Y_t-(1-\theta)(W_{t-1}+Y_t)}{Y_t}=\theta-(1-\theta)\frac{W_{t-1}}{Y_t} \tag{2-7}$$

储蓄率是从贴现率中扣除财富收入比的作用，贴现率越高、对家庭未来的财富积累或者说对子代越关心，则财富收入比的作用越小；同时家庭的财富收入比越高，当期收入在整体的财富积累中作用越微小，当期的储蓄率越低。家庭财富

---

[1] 王弟海，龚六堂. 新古典模型中收入和财富分配持续不平等的动态演化［J］. 经济学：季刊，2006，5（3）：777-802.

的积累方程可以表示为

$$W_t = W_{t-1} + sY_t = W_{t-1} + [\theta - (1-\theta)\frac{W_{t-1}}{Y_t}]Y_t \tag{2-8}$$

在作为微观个体的家庭参与经济活动的过程中，家庭的收入水平和财富水平之间自然形成了相互作用、相互影响的互动关系。因拥有财富而获得的财产性收入是总收入的一部分，财富水平也一定程度上来源于收入的积累。根据上文对收入方程和财富方程的分析，家庭收入和财富相互作用的基本模型可以表示为

$$\begin{cases} Y_t = rW_{t-1} + A_t + u_t \\ W_t = W_{t-1} + sY_t \end{cases} \tag{2-9}$$

2.2.2 收入差距和财富分布的关联性

收入和财富的互动关系是基于家庭层面的经济活动和消费行为，不同家庭之间获得收入的差异、消费决策的差异、财富积累的差异就形成了收入、消费和财富的差异。所以宏观层面的收入和财富的差距实际也来源于家庭之间的经济活动和消费决策的差异，收入差距与财富分布的关联性应该从家庭收入和财富的相互作用进行推导。

假设一个拥有 n 个家庭的经济体，每个家庭的收入和财富都满足式（2–9）所表示的互动关系，则不平等研究中可以把每一期的所有 n 个家庭视作研究总体，其中的每一个家庭就是一个随机个体，家庭的经济特征（收入水平、财富水平、储蓄率等）则可以视作随机变量。全社会层面上的经济特征也就是这些随机变量的分布特征，比如整体收入水平就是 n 个家庭收入的均值，而不平等就是 n 个家庭收入的变异程度，可以用表示变量变异程度的离散统计量表示。常见的离散统计量有方差、标准差、变异系数等，它们都是建立在“平均离差”的基础

上，通过样本与均值的平均距离来反映个体之间在变量取值上的差异。本书通过对收入方程和财富方程两边求方差的方法来实现从家庭层面收入与财富的互动关系到宏观层面收入差距与财富分布关联性的推导。

1. 收入差距方程

在式（2–9）中，我们假设 $u_t \sim N(0,\sigma_u^2)$，且与 W_t–1、A_t 不相关，即家庭的随机收入服从均值为零的正态分布，且独立于家庭财富水平、劳动收入。对收入方程等式两边求方差可以得到收入差距方程

$$\mathrm{var}(Y_t) = r^2\,\mathrm{var}(W_{t-1}) + \mathrm{var}(A_t) + 2r\,\mathrm{cov}(W_{t-1}, A_t) + \sigma_u^2 \tag{2–10}$$

除了随机性收入的差异外，家庭间收入的方差可以分解为三部分：财产性收入的方差、劳动收入的方差及二者的协方差。

家庭财富的不平等直接导致了财产性收入的差距，其作用大小取决于全社会的资产收益率，资产收益率越高，期初的财富能够获得越多的财产性收入，期初财富分布对收入差距的作用越会被放大。此外，在不同的金融市场发展水平下，家庭之间的资产收益率是不尽相同的，特别是在金融市场不够完善、居民金融素养不高的情况下，高财富家庭往往能够进行更为有效的资产组合，获取更高的收益率，财富的不平等对财产性收入以及家庭总收入差距的作用会被进一步放大。

收入差距的另一个重要部分是劳动收入的不平等，而家庭劳动收入是与财富水平相关的，这种相关性越强，财富差距对收入分布的影响越大。家庭财富对劳动收入的影响：一方面，较高的财富往往意味着更好的社会资源和人力资本投入，带来更强的能力和更好的机遇，形成更高的劳动收入；另一方面，财富水平可能影响人们付出劳动、参与生产活动的积极性，两种机制的共同作用下，形成家庭财富对劳动收入的复合作用，进而影响收入的不平等程度。

2. 财富差距方程

从使用去向的角度，可以将个体或者家庭的收入分为两部分：消费和储蓄。所以收入分配的不平等自然也就拉开了个体或者家庭之间消费和储蓄的差距，而储蓄的多期积累，就是财富形成和分化的过程。

对式（2–9）的财富方程求方差可以得到财富分布方程：

$$\mathrm{var}(W_t) = \mathrm{var}(W_{t-1}) + \mathrm{var}(sY_t) + 2\,\mathrm{cov}(W_{t-1}, sY_t) \tag{2–11}$$

家庭财富是期初财富加上当期储蓄的积累，那么家庭之间财富的离散程度或者说财富分布也是由期初财富的差距和当期储蓄的差距构成，二者之间的相关性也会进一步扩大这种差距。收入差距对财富分布的影响是通过家庭储蓄的不平等发生作用的，一方面是收入对储蓄的直接影响，另一方面是对储蓄率 s 的间接作用。

本书模型假设下对储蓄率的推导显示，家庭储蓄率除了贴现率外，还受到家庭财富收入比的影响。贴现率体现了家庭决策时对未来财富积累或者说对子女福利的关心程度，与观念习惯、预防性储蓄有关，而家庭的财富收入比一定程度上体现了当期收入在长期财富积累中的作用。当期的收入越低，对一生财富积累的作用越微不足道，当期的储蓄率也会越高；同等收入之下，家庭所拥有的财富越高，财富收入比也更高，此时家庭的储蓄压力越小，储蓄率越低。收入对储蓄这种直接和间接的作用交织在一起，形成了收入差距对财富分布复杂的作用。

2.3 收入差距和财富分布的相互作用路径

为了理论推导的可实现性和简洁性，上文对收入差距和财富分布关联关系的推导是在严格的假设条件下进行的，比如家庭之间是独立同分布的，家庭的随机收入独立于财产性收入和劳动收入，但在现实中家庭收入的获得和财富的积累还受到许多因素的影响，二者相互作用的路径也是多重、复杂的。本小节将根据实际情况，对收入差距与财富分布相互作用的具体路径进行详细的分析和阐述，厘清收入差距和财富分布之间关联关系的作用机制。

2.3.1 收入差距对财富分布的作用路径之一：储蓄的作用

财富水平是初始财富基础上历年储蓄积累的结果，而储蓄是收入扣除消费支出的部分，收入的差距自然造成储蓄的差异，进而作用于财富的分布，这是收入与财富之间最直接的关联，也是收入差距作用于财富分布的重要路径之一。储蓄是储蓄率与收入的乘积，所以家庭之间收入的差距首先造成基数的差异，在相同的储蓄率下收入越高的家庭储蓄水平也越高，收入的差距会带来同等水平的储蓄差距；除此之外，储蓄率在不同家庭之间也存在差异，这种差异会进一步影响储蓄的差异程度。

储蓄率还是消费率或者消费倾向，居民消费的决策一直是经济理论研究的关键问题之一，消费习惯、生命周期、预防性储蓄、不确定性等因素的作用下，家庭的消费倾向和储蓄率决定是非常复杂的[1]

[1] DUESENBERRY J. S. Income, Saving, and the Theory of Consumer Behavior［M］. Cambridge:Harvard University Press, 1949. ; FRIEDMAN, M. A Theory of the Consumption［M］.Princeton:Princeton University Press, 1957. ; HALL R. E. Stochastic Implications of the Life Cycle-Permanent Income Hypothesis: Theory and Evidence［J］. Journal of Political Economy, 1978, 86（6）: 971-987. ; LELAND H. E. Saving and uncertainty: the precautionary demand for saving［J］. Quarterly Journal of Economics. 1968,82（3）:465-473. ; ZELDES, STEPHEN P. Consumption and liquidity constraints: an empirical investigations［J］. The Journal of Political Economy, 1989（97）:305-347.

2.3.2 收入差距对财富分布的作用路径之二：房产的作用

房产是我国居民家庭财富中最重要的组成部分，也是增值能力最强的资产。在过去十多年间房地产市场的蓬勃发展中实现了家庭财富的增值，也大大拉开了家庭之间财富水平的差距。没有房产与拥有房产的家庭之间、仅拥有一套自住房的家庭与拥有多套投资性房产的家庭之间财富水平的差距都越来越大。在房地产市场稳定发展、住房价格的持续上涨的情况下，对房产的持有很大程度上决定了家庭财富的增长速度，房产拥有的差异是财富差距扩大的重要原因[1]。而房产拥有的差异除了与初始财富水平相关，还一定程度上来源于收入差距。

20 世纪 90 年代以来，住房按揭贷款随着我国房地产市场的发展逐渐走进千家万户，越来越多的人在成为“房奴”的同时也实现了在资金有限的情况下利用利率杠杆实现住房的需求，对于资金有限的家庭，借贷能力就成为能否拥有房产、能否享受房地产市场红利的关键。申请住房按揭贷款要求申请人拥有足够的偿还能力，因此，在初始财富相等的情况下，拥有稳定收入来源的高收入者可以通过按揭贷款购房并享受房地产市场发展的红利，实现财富的迅速增值；而无法通过按揭购房的低收入者则不得不面对与前者财富水平越来越大的差距。因此，对于初始财富积累较少的家庭来说，收入的差距会造成他们借贷和购房能力的差距，进而形成财富差距的扩大。在中国房地产市场快速发展的背景下，这也是收入差距作用与财富分布的重要路径。

---

[1] 张茉楠. 房地产的第三次财富分配效应［J］. 党政视野，2011（1）：56–56.；刘维奇. 城市化过程中的住房价格与财富分配效应［J］. 中国房地产，2011（6）：28–34.

2.3.3　财富差距对收入分布的作用路径之一：对收入分配秩序的影响

财富差距对收入分布的作用路径首先在于财富分布严重分化的情况下，会对收入分配秩序产生影响，形成不合理的收入分配制度。财富分布的不平等意味着少部分人占有大部分的生产资料，在生产活动和收入分配环节中拥有更多的话语权，直接决定要素的回报，形成对自己更有利的收入分配方式。这就导致生产成果在收入分配的起点就偏向资本，而在生产活动中付出劳动要素的广大劳动者只能获得较少的收入。皮凯蒂（Pikkety）[1]指出社会发展中财富越来越集中、财富分布不断扩大的原因在于资本收益率高于经济增长率（$r > g$），也就是说资本所有者在收入分配中占据更有利的地位，能更多地享受发展的成果。而财富分配高度不平等、资本集中在少数人手中，也正是这种分配制度形成的原因之一，财富分布作用于收入分配秩序，造成收入分配的不平等，收入差距再进一步造成财富分布的加强，形成了一种恶性循环。

所以财富分布对收入差距的作用首先体现在对收入分配秩序的影响上，财富分布的分布不均会形成更偏向资本的收入分配方式，造成收入分配在资本所有者和劳动供给者之间的不平等。

2.3.4　财富分布对收入差距的作用路径之二：对财产性收入的影响

财富的一个重要特征是具有一定的收益性，将家庭财富投入生产活动中可以产生财产性收入，比如出租土地、房产所获得的租金，购买股票、金融产品获得

[1] 皮凯蒂. 21世纪资本论［M］. 巴曙松，等，译. 北京：中信出版社，2014.

的利息。财产性收入是家庭收入重要的组成部分，所以财富分布对收入差距最直接的作用路径就是获得财产性收入的差距。在全社会资产收益率相等的假设下，家庭财富的差距会带来同等水平的财产性收入差距，进而作用于收入差距程度，财产性收入对总收入差距程度的作用与收入结构中财产性收入所占比重有关。

此外，家庭之间的资产收益率是不尽相同的，特别是在金融市场发展不完善、居民金融素养不高，居民获得财产性收入的渠道有限的情况下，不同收入、财富水平之下，财富的收益性存在很大差异。吴卫星等[1]对我国家庭财富结构和资产收益率的测算表明高财富家庭往往能够进行更为有效的资产组合，获取更高的收益率，本书根据 CFPS 的测算也表明家庭财产性收入的差异程度要远高于财富的差异程度，财产性收入很大程度集中于高财富家庭。资产收益率的差异导致财富的分布差距到财产性收入环节出现扩大，并进一步作用于收入的差距。

2.3.5 财富分布对收入差距的作用路径之三：对劳动收入的影响

除了直接形成财产性收入外，财富分布影响收入分配的另一个重要路径是作用于劳动收入的获得。财富水平对劳动收入存在正向和负向两方面的影响。

（1）教育和资源的正向作用：首先，财富的拥有对个人或者家庭的人力资本投入产生影响，较高的财富水平下往往意味着更好的成长环境和教育水平，这些人力资本投资的回报体现在劳动能力和劳动收入上，所以财富分布的不平等会导致个人教育获得的差异，进而形成劳动收入的不平等。其次，财富的拥有还意味着个人或者家庭所拥有的社会资源，比如人脉资源、信息获取、进入某些行业的

[1] 吴卫星，丘艳春，张琳琬. 中国居民家庭投资组合有效性：基于夏普率的研究［J］. 世界经济，2015（1）： 154-172. ；吴卫星，邵旭方，陶利斌. 家庭财富分布会自我放大吗?——基于家庭财务杠杆的分析［J］. 管理世界，2016（9）：44-54.

机会等，这很大程度上决定了个人的工作机遇，进而决定其劳动收入水平。

（2）劳动时间供给的负向作用：财富的拥有还可能影响人们的劳动供给，从而对劳动收入产生负面作用。作为流量的收入和作为存量的财富实际上都是家庭或者个人拥有的经济资源，在满足家庭消费需求、保证家庭成员的福利水平上具有可替代性。所以在拥有较高财富、生活富足无忧的情况下，人们付出劳动、获取收入的动力和压力会相对较小，可能倾向减少劳动时间的供给，享受更多的闲暇，从而形成劳动收入的减少。反之，较低的财富水平下，为了达到同等的生活水平，需要获得更高的收入，人们不得不付出更多的劳动时间，选择报酬更高的工作，实现收入的增加。所以在生存压力和劳动时间供给的影响路径下，财富分布对劳动收入的差异程度存在负向影响，进而对总的收入差异程度产生负向作用。

劳动收入是居民收入的重要组成部分，劳动收入的差异也是总体收入差距的重要来源，所以财富存在差异的情况下，不同财富水平对应的社会资源和教育获得的差异会形成劳动收入的差距，并影响总的收入差距程度。

综上，收入差距与财富分布之间存在着多重直接、间接的关联，二者之间的相互作用路径如图 2-1 所示。其中收入差距对财富分布的作用路径一方面是通过储蓄直接造成财富积累的差异，另一方面是影响房产的拥有并间接造成财富积累的差距；财富分布对收入差距的作用一方面是直接作用于收入分配秩序，另一方面是对劳动收入的影响，包括直接形成财产性收入和间接作用于劳动收入的获得。所以，收入分配政策对收入差距的调节会带来财富分布的变动，并进一步反作用于收入分配状况。收入分配政策对居民收入的调节应该考虑到收入和财富之间的这种作用机制，同时，收入分配政策也可以作为调节家庭财富分配的手段，从财富形成过程出发，逐渐实现财富分布的合理化和财富分布的缓解。

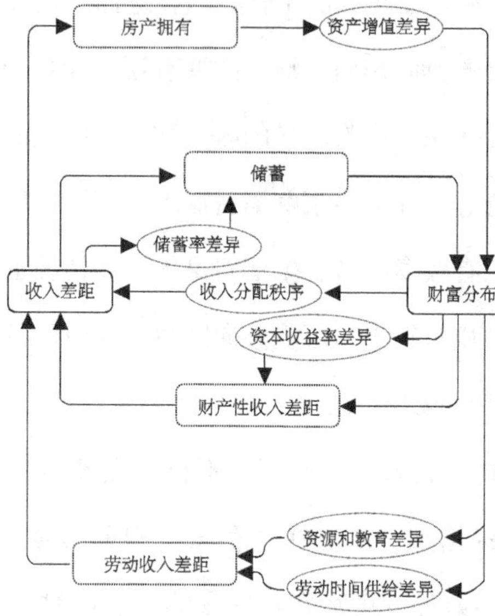

图 2–1　收入差距与财富分布的作用路径

2.4　收入差距和财富分布差异的其他成因、后果

家庭层面收入水平与财富水平的互动关系可以投射到宏观层面收入差距与财富分布的相互作用，但是不可忽略的是，收入差距和财富分布作为重要的经济变量，与经济系统中的其他因素也存在千丝万缕的联系。上文的模型推导中假设所有家庭都是独立同分布的随机个体，没有将经济运行过程中各因素对不同家庭、对分配结果的复杂作用考虑进来。实际上收入差距和财富的分布的形成、演化与经济社会特征也是密不可分的，本小节将对其原因和后果进行更加全面分析，进一步充实收入差距和财富分布相互作用的理论模型。

2.4.1　收入差距的成因

这里主要从以下三个方面考虑收入差距的形成原因：一是经济增长和经济发

展的相关因素，二是公共服务和基础设施提供，三是制度因素。

1. 经济增长和经济发展的相关因素

收入差距的影响因素中，最重要的就是地区的经济发展水平和经济增长速度。早在1955年，库兹涅茨（Kuznets）[1]就提出了收入分配随经济增长“先恶化，后改善”的倒U假设，但是，库兹涅茨（Kuznets）并不认为收入差异程度是随着经济发展自然变化的，他指出收入差距的变化与经济发展过程中的政治、社会、人口条件的变动相关，应该深入分析收入差距变化的条件和因素，对经济发展中的收入差距进行控制。经济增长的过程是全社会的经济水平、社会形态、产业结构等方面逐步转变的过程，所以经济增长对收入差距的作用也与这些因素息息相关，本书主要考虑以下几个方面的因素。

（1）经济增长速度：公平与效率是市场博弈的两方面，而不平等程度和增长速度分别体现了经济增长中的公平与效率。在强调效率、高速增长的经济中，各种生产资料会遵循市场规律，不断向效率更高、规模更大的部门集中，在经济迅速增长、收入水平大幅提高的同时也会带来居民之间收入高低的分化，增加收入差距的程度。而强调公平就意味着对低效率部门、生产能力弱的人群的补贴和帮扶，这意味着效率的损失。所以，在不考虑其他条件的情况下，经济增长速度和收入差距理论上是某种此消彼长的关系。

（2）城市化率：在中国的城乡二元结构发展模式下，城市与农村在经济发展水平、收入水平上都存在巨大差距，城乡差距是整体贫富差距的重要部分，收入差距的分解结果也表明城乡差距占据重要位置。经济发展过程中，城市规模的扩大会形成更多的工作机会，农村的剩余劳动力会逐渐向城市流动，这一方面增强了城市劳动力市场的竞争，另一方面提高了农村的生产效率和收入水平。所以，

[1] KUZNETS S. Economic Growth and Income Inequality [J]. American Economic Review, 1955, 45 (1) :1–28.

城市化发展过程中劳动力的流动有助于城乡收入差距的降低，进而减少整体的收入差距。曹裕、陈晓红和马跃如[1]，陆铭和陈钊[2]等的实证研究都验证了城市化程度与收入差距的这种负向关系。

（3）对外开放程度：斯托尔珀－萨姆尔森定理指出，经济对外开放程度的增加会提高国内相对充裕要素的收入，而稀缺要素的收入会相对下降[3]。以中国为例，对外开放环境下中国会倾向于出口劳动密集型产品同时进口更多的资本或技术密集型产品，这就使得劳动密集型行业的非技术工人工资得到提高，而资本或技术密集型行业的技术工人工资下降，起到降低收入差距程度的作用。然而，学者们的实证研究却发现对外开放程度与收入差距存在正相关的关系，这可能是由于经济开放度的提高带来技能偏向型的技术进步，进而增加对高技能劳动力的需求，提高了技术工人的工资水平，加剧收入差距[4]。此外，直观上来讲，外资企业与本地企业相比工资水平较高，增加了内外资企业之间的收入差距。

（4）市场化程度：在市场化机制下，社会中的个体是通过自身的能力、努力和要素投入来获得收入。中国市场化改革的过程就是政府逐渐退出干预，把经济活动交给市场规律的过程，一方面市场竞争强调效率，会扩大人力资本投资回报的差异，为市场参与度高、积极参与市场竞争的组织和个人提供了更多机会，造成收入差距的扩大；另一方面市场化推进的过程中政治资本和个人资本的作用越来越明显，收入越来越向资本拥有者聚集，市场化改革在提高居民收入的同时也

---

[1] 曹裕，陈晓红，马跃如. 城市化、城乡收入差距与经济增长——基于我国省级面板数据的实证研究［J］. 统计研究，2010，27（3）：29-36.

[2] 陆铭，陈钊. 城市化、城市倾向的经济政策与城乡收入差距［J］. 经济研究，2004（6）：50-58.

[3] Stolper W F, Samuelson P A. Protection and Real Wages［J］. Review of Economic Studies, 1941, 9（1）:58-73.

[4] 王少瑾. 对外开放与我国的收入差距——基于面板数据的实证研究［J］. 世界经济研究，2007（4）：16-20.

扩大了居民的收入差距。

2. 公共服务和基础设施提供

地区公共服务和基础设施的提供能够为中低收入群体带来更多的便利性，给中低收入家庭带来更多的机会。诺贝尔经济学奖获得者阿玛蒂亚·森[1]提出的“功能和能力”理论指出贫困的根源在于能力的丧失和被剥夺，而公共服务和基础设施的供给，正是增加中低收入者的这种免受苦难的能力，使他们能够有更多的机会和途径去摆脱贫困、增加收入。这里从教育、医疗和交通三个方面讨论公共服务供给对收入差距的影响。

（1）教育水平：从人力资源配置的角度来看，人力资本的差异是收入差距的重要来源。劳动力资源的市场配置必然导致较高人力资本存量的个人得到较高的收入，而低人力资本存量的人得到较低的收入。基础教育的普及和教育水平的提高能够提高中低收入者的人力资本存量，进而增加他们创造收入的能力，提高其收入水平，缩小收入差距。但是，也应该注意到，随着整体教育水平的提高，居民之间教育水平的差距也可能被拉大，形成教育回报率的“马太效应”，带来收入差距程度的加剧[2]。教育水平对收入差距的影响需要进一步的实证分析。

（2）医疗卫生产品供给：医疗卫生产品供给可以视作是政府的健康人力资本投资，医疗卫生投资的增加和医疗条件的提高无疑有利于提高国民的整体健康水平和身体素质。但是，与教育投资类似，医疗卫生公共产品供给的增加也可能导致居民之间医疗水平的差距被拉大，健康人力资本投资更加悬殊，进而导致收入差距的加剧。

---

[1] ANAND S, SEN A. Concepts of Human Development and Poverty: A Multidimensional Perspective [M]. Poverty and human development papers. UNDP New York, 1997.

[2] 张车伟. 人力资本回报率变化与收入差距：“马太效应”及其政策含义 [J]. 经济研究，2006（12）：59–70.；雷欣，陈继勇. 收入流动性与收入差距：基于CHNS数据的经验研究 [J]. 世界经济，2012（9）：84–104.

（3）交通设施：所谓“要致富，先修路”，四通八达的铁路、公路网络能够降低交通成本、增加资源和生产要素的流动性经成为共识，交通设施的建设是有利于地区经济的增长的。而对于中低收入居民和农村居民来说，公路、铁路的可达性和低成本交通工具的获取大大扩大了其活动范围，能够给居民家庭带来更多的就业和发展机会。特别是广阔的农村公路网络可以改善农民的出行条件、增加农民的非农就业机会，还可以增加农产品的流动性和收益，为农民家庭带来持续的收益。所以，理论上来看，公路、铁路的建设能够增加中低收入家庭的收入，缩小收入差距。

3. 制度因素

影响收入差距的制度因素主要是再分配制度以及特定的社会结构，比如城乡分割、“体制”内外的差异、腐败等。

（1）再分配制度：再分配制度是政府调节收入差距的重要手段，包括税收制度、社会保障制度等内容。理论上，政府在再分配环节对居民收入的调节应该是偏向低收入群体，是“劫富济贫”的，比如累进制的收入税，比如对“低保”家庭的转移支付。再分配制度作为对初次分配结果的调节，其益贫程度一定程度上影响着最终的收入分配结果。影响再分配制度益贫程度的因素有：所得税的起征点、税率、税制，社会保障制度的覆盖范围、覆盖强度，城乡低保标准，以及政策的完善程度和执行力度。

（2）政府干预和权力寻租：在权力垄断资源分配的情况下，政府对经济的过多干预容易导致不正当竞争，并滋生腐败行为，个别人通过寻租、行政手段、内部消息等不正当竞争方式，可以获取大量的收入，加剧收入分配的差距。政府干预过多容易加剧资源型、自然垄断型行业与其他竞争性行业的收入差距，造成垄断性企业的员工，特别是高管依靠权力资源获得优先发展、收入畸高，而被权利边缘化的群体则很难得到发展机会。

2.4.2　财富分布差异的成因

财富差距也受到经济、社会相关因素的影响，但财富差距的形成主要是存量财富日积月累的过程，其影响因素与收入差距不同。本小节主要从经济发展相关因素、制度因素和人口因素三方面分析财富分布差异的形成原因。

1. 经济发展相关因素

家庭财富是以现金、实物或者其他形式持有的，可能获取收益，也可能经历升值或者贬值，经济发展中的一些特征会一定程度上影响财富价值的变化，影响财富的积累和分化过程。

（1）金融市场发展：金融市场不完美的情况下，由于金融市场的不完备和信息不对称，穷人和富人面临的投资机会有所差异，由于金融素养、财富水平、信息不对称等复杂的原因，穷人能够获得的投资机会相对有限，而顶端阶层的投资机会就相对丰富得多，且负债成本更低、杆杆贡献率更大。因此，富裕阶层能够对家庭财富进行更为有效的投资组合，获得更高的资本收益率，实现更高的财富增长速度，也就是说财富分布差异会通过投资机会和资本收益率的差距实现自我放大[1]。

（2）通货膨胀：在信贷市场发展不完善的情况下，穷人和富人使用信用支付的机会有所不同。穷人无法获得足够的信用支持，其大部分支出、投资都需要支付现金，因此面临更大的现金预付约束；而富人就更容易获得金融机构的支持，需要支付现金的比例相对较小，使用信用支付的比例更高。因此，穷人比富人需

[1] CAMPANALE C. Increasing Returns to Saving and Wealth Inequality [J]. Review of Economic Dynamics, 2007, 10 (4) :646–675；吴卫星，丘艳春，张琳琬. 中国居民家庭投资组合有效性：基于夏普率的研究 [J]. 世界经济，2015 (1)：154–172；吴卫星，邵旭方，陶利斌. 家庭财富分布会自我放大吗?——基于家庭财务杠杆的分析 [J]. 管理世界，2016 (9)：44–54.

要预留更多的现金来满足日常支出和投资需求，持有更高比例的货币资产，在长期通货膨胀率提高的情况下更容易遭受贬值损失，导致资本积累的相对降低，形成更大的财富分布差异[1]。

（3）房价上涨：住房是中国居民家庭财富的最重要组成部分，平均占比超过60%，所以住房财富的分布是财富分布的重要内容。近十多年来中国的房地产市场化改革以及引入金融杠杆导致房地产行业快速发展，也引致了投机性需求，使得大量资金涌入房地产业，房价的不断推高，住房从单纯的消费品一定程度上变成了投资品和金融产品。很多家庭这个过程中实现了财富的快速增值，尤其是在房价暴涨前通过按揭贷款购买住房的家庭，通过杠杆手段实现了财富的高速增长，这实际上造成后入市者向先入市者的财富转移，大大增加了家庭之间住房财富的差距。李实[2]曾指出在不考虑房价的情况下，城市家庭财产基尼系数从2002年的0.45上升到2010年的0.57，但加上房价因素后则上升到0.66，房价在某种程度上成为推动财富分布差异的一个重要因素。

2. 制度因素

财富的积累过程包括代内的积累和代际继承，是一个长期的过程，因此财富分布日积月累的形成大多与制度因素相关。

财产税制度：财富的一个重要特征就是具有可积累性和可继承性，一个家庭的财富可以在一生中不断积累，父代的财富也可以通过代际传递积累到子代。高财富家庭中虽然包含大量的高收入者，但其中更多是从父代继承了大量财富的人。富裕群体形成初始的财富积累后，就会形成累积优势，在优胜劣汰的竞争环境中获取更多增加财富的机会，造成更严重的财富分化。财产税是直接调节财富

[1] 刘晓峰，曹华．通货膨胀与收入差距关系的研究——基于信贷市场不完美的视角［J］．南开经济研究，2011（3）：16-29.

[2] 李实．中国财产分配差距与再分配政策选择［J］．经济体制改革，2015（1）：21-21.

的分布状况、削弱其积累性和继承性的重要手段，也是全世界大多数国家通行的做法。比如对于从父代继承的遗产征收一定比例的遗产税，或者对家庭持有的房产征收一定比例的房产税。我国目前财产税制度不够完善，关于房产税的开征正在热烈讨论中，理论上，财产税的征收能够增加财产的持有成本，降低资本收益率，抵消财富的累积倍增和代际传承，实现“劫富济贫”的转移支付，减小财富分布的差异。

3. 人口因素

财富是以家庭为单位进行积累，大多也是在家庭成员之间进行传承和继承的，所以财富的分布形态与家庭结构、人口增长等因素也是存在一定关系的。在人口出生率较高、人口增长较快的社会里，每个家庭都有多个子女，遗产继承过程中父代财富会分散在多个子女的家庭中；如果每对夫妻只生育一个小孩，那么子代会继承两边父母的全部财产，财富的积累会更加迅速，财富分布差异程度也会更加严重。

2.4.3　收入差距和财富分布差异的影响效应

收入和财富的差异一方面反映了经济运行中资源的集中、规模效应的扩大，一方面也体现了经济发展成果在社会成员之间分配的差异化，对全社会的生产效率、经济增长以及社会的公平、稳定都会产生复杂的影响。本小节将从经济增长和社会稳定两个方面来讨论收入差距和财富分布差异的影响效应。

1. 对经济增长的影响

收入差距与经济增长的关系始终是经济学界研究的重要问题，不仅经济增长状况会影响收入差距的程度，收入差距也会反作用于经济的增长。虽然收入差距与经济增长的关系是非线性或者说存在拐点的，但其变化是渐进的、较为平稳的，一般不会在短时间内剧烈波动，所以在一定时间、一定范围内，收入差距一般处于拐点的某一侧，与经济增长的关系可以用线性方程来描述，根据二者是正相关还是负相关来判断收入差距程度是否达到不利于经济增长的拐点。

（1）规模效应和生产效率：一般来说，恰当的收入差距能够实现生产资料的合理配置，起到一定的激励作用，促进生产效率的提高，而过低或者过高的收入差距都不利于经济的发展。过低的差距意味着生产活动中缺乏竞争和激励，容易导致人浮于事，效率低下；而过高的差距则意味着生产资料的过度集中，容易引发阶级矛盾和阶级对立，长期来看也不利于经济的持续增长。

（2）消费需求：消费需求是经济增长的“三驾马车”之一,一个国家或者地区经济的持续健康增长离不开充足的内部需求。合理的分配制度下，社会上大部分人群都能获得相应的收入和财富，能够在经济活动中产生有效的需求，进而促进下一轮的生产活动和经济增长，形成良性循环。而过高的收入和分配差距使生产成果和社会财富大量集中于少部分边际消费倾向较低的极富人群，社会上的大部分人缺乏生产资料、难以获得经济成果，更难以产生有效的消费需求，从长远来看也是不利于发展的。

2. 对社会稳定的影响

收入和财富分配的差距不仅是经济问题，很多时候也是一个非常重要的社会问题，其严重程度意味着经济资源在社会成员之间的分配，体现了社会制度的公平性，也关系着社会的公平公正和社会稳定。

（1）社会心理：收入和财富的分布差异意味着经济资源在社会成员之间的分配存在巨大差距，人们的获得感、公平感受到伤害，这必然影响社会心理，导致不满情绪滋生。随着不平等程度的扩大，不满情绪得到相互的叠加和强化，容易引发心理失衡，可能在某些意想不到的突发事件中爆发巨大的破坏力，成为威胁公共安全和社会稳定的潜在因素。所谓“不患寡而患不均”，不满情绪的堆叠很容易对社会稳定造成消极影响。

（2）社会秩序：经济资源的分配是影响社会秩序稳定与否的经济根源，严重的贫富差距往往与违法犯罪活动增加、治安形势恶化相关。在我国这样有着长期“不患寡而患不均”文化传统的国度，贫富差距更容易引发犯罪活动。1981—2004年，随着我国收入基尼系数的不断上升，公安机关立案的刑事犯罪案件也不断增加，犯罪率持续上升[1]。所以说，收入和财富的不平等作为影响社会不稳定的因素也是不可忽视的。

（3）社会结构：收入和财富分配的不合理很可能产生一个失衡的、不合理的社会结构。一般来讲，理想的社会结构是“橄榄型”，即极富和贫困的阶层比例都很小，社会构成的主力军是中间生活相对富裕的中产阶层，或者叫中等收入群体。中等收入群体是消费的主力军，也是加强社会稳定的经济力量，恰当的贫富差距水平有助于形成合理的“橄榄型”社会结构，促进社会稳定。而收入和财富分配的过度不平等很可能形成“金字塔型”的社会结构，极少数的极富人群占据了很大比例的社会财富，中等收入群体人数也比较少，而贫困阶层占据了人口的很大比例。长期不改变，这种畸形的社会结构容易滋生不合理、不公平的社会制度，形成阶层之间的对立，甚至引发社会矛盾和社会动荡。

上文已经提到，收入差距和财富分布虽然存在千丝万缕的联系，但二者是完全不同的概念，在经济的不同发展阶段，一个地区或者国家的收入分配和财富分布也不一定是同步的，所以某一时期贫富差距对经济增长和社会稳定的影响效应也应该分开从收入和财富两方面来讨论。

[1] 胡联合，胡鞍钢.贫富差距是如何影响社会稳定的？[J].江西社会科学，2007（9）：142-151.

2.5 本章小结

本章是全文的理论支撑，对收入差距和财富分布的相关理论、关联性和相互作用的路径进行了分析和推导，为后文的量化估计和优化模拟奠定了基础。本章的主要内容为以下几点：

（1）本章首先简单回顾了收入分配和财富分布差异的相关理论，包括各个学派对收入分配理论、财富积累过程，以及对不平等的观点和政策态度。虽然古典经济学认为不平等是市场机制运行下公平合理的结果，不应该对其进行人为干预，但根据福利经济学的观点以及“人人平等”的人类社会基本价值观念，应该对收入和财富的分配差异进行适当的干预，缩小贫富差距。

（2）从家庭收入与财富的互动关系出发，对收入差距和财富分布的关联性进行了理论探讨。家庭或者个人层面的收入水平和财富水平是紧密相关的，存在相互作用、互为因果的互动关系，推导到宏观层面，收入差距与财富分布之间也是相互关联的，存在互为因果的作用关系。

（3）本章还从实际出发，对收入差距与财富分布的作用路径进行了分析和阐述。二者之间存在直接、间接的作用路径，收入差距对财富分布的作用路径一方面是通过储蓄直接造成财富积累的差距，另一方面是影响房产的拥有并间接造成财富的差距；财富分布对收入差距的作用一方面是直接作用于收入分配秩序，另一方面是对劳动收入的影响，包括直接形成财产性收入间接作用于劳动收入的获得。这些机制相互叠加，形成了收入差距和财富分布之间的多重关联，所以，收入分配政策可以作为调节家庭财富分配的手段，从财富形成过程出发，逐渐实现财富分布的合理化。

（4）最后，本章引入其他经济社会发展指标，分析了收入差距和财富分布差异的成因和后果，一方面是从经济增长、城市化率、对外开放程度、房价上涨等经济因素，教育发展、医疗覆盖、社会保障等公共服务因素以及市场化改革、再分配制度、财产税制度等体制因素入手，分别分析了收入差距和财富分布差异的成因，另一方面是从经济增长和社会稳定两个角度分析了收入差距和财富分布差异的影响效应。

第3章　收入差距和财富分布的测度

人们日常生活中对收入和财富分配有主观的感受，在科学研究中还需要对其差异程度、变动情况、结构特点进行客观严谨的测度。收入和财富分配差异的测度是建立在微观家庭或者个人数据之上，根据每个家庭的收入或者财富水平的分布进行综合性的描述。本章是基于CFPS调查数据对中国居民家庭收入差距和财富分布的实际测度和分析，首先介绍了几种经典的不平等测度方法以及实际测度中使用的CFPS微观调查数据库；在此基础上，分别对收入差距和财富分布进行了总量、分项及结构的测度，分析了2010—2016年中国居民家庭收入和财富的分布状况；最后，本章还通过家庭收入和财富数据的对比初步分析了收入差距和财富分布的关联性。

3.1 测度方法和微观数据介绍

3.1.1 收入和财富差距的衡量指标

收入和财富差距的测度中常用的指标大致可以分为三类：第一类是通过一种先验的选择性过程来界定的，具有很直观的统计学或者经济学意义，比如洛伦兹曲线、基尼系数、方差等。第二类是公理性指标，是通过公理性方法推导出来的。这类指标的推导是先指定一些比较不平等程度的公理，比如传递性公理、匿名性公理、人口无关性公理等，通过证明能够满足某些公理的指标才被认为是合适的不平等指标，常用的泰尔指数就属于这一类。第三类指标可以统称为Atkinson 指数，是在福利经济学理论上发展起来的，它一般先设定由个人收入或财富水平决定的个人效用函数，然后计算在不同的收入分配状况下所有个人效用函数的加总，即社会福利函数，对不同的收入或财富分布下进行社会福利函数的比较。

在实际应用中，三类方法并不互相排斥，且各指标各自有其优缺点，可以根据实际需求选择。本书主要使用三种指数对收入和财富的分布差距进行度量。第一是分组份额，按照收入和财富从高到低的排序，将样本家庭等分为若干组，计算各组的收入或财富所占份额，可以较为直观地对收入和财富的分布情况和贫富差距进行判断；第二是基尼系数，该指标应用广泛，具有概括性、易读性、可比性，且可以进行构成项目间的分解，可以对收入、财富各构成项目的不平等程度和贡献度进行分解；第三是泰尔指数，该指标的优点在于可以进行人群间的分解，可以对收入和财富在城乡之间、地区之间的不平等进行分解。

1. 分组份额

基尼系数和泰尔指数实质上是对分布函数的一种总结性描述，虽然可以很概括地反映总体的差异程度，但无法体现不同位置、不同阶层之间经济指标的相对变化。分组份额可以对不同位置人群占有的份额进行详细描述，比如收入、财富分布的研究中经常用顶端 1%、顶端 5% 人口所占份额或者底端 50% 人口所占份额来表示收入和财富分布的差异程度。分组份额对不平等的描述更加细致，其经济意义也是非常明确的，能够从数量上反映富人与穷人收入或者财富差距的大小，更加直观地反映不平等的程度。

分组份额的计算十分简单，将所有样本根据所测度经济指标的高低进行排序并分组，然后分别计算每一组的均值和份额即可。常见的分组方式有十等分组、五等分组、四等分组，近期的很多研究都关注财富顶端一定比率人群所占有的收入或者财富份额，比如顶端最富有的 1% 或者 5%。各组所占有的份额能够直接反映社会资源和经济成果在人群中的分配结果，不同年份中各组份额的变化也可以反映出社会资源和经济成果是从哪个位置向哪个位置流动，不平等的扩大或缩小是发生在哪些组之间。各组的均值反映了全社会不同位置的个体或家庭在经济指标上的绝对差异，能够很好地反映经济指标的分化程度。

2. 基尼系数及其项目分解

基尼系数是基于洛伦兹曲线构造的不平等指标。洛伦兹曲线是收入累积百分比随人口累积百分比变化的曲线，在收入分配绝对平均的情况下，该曲线为 45° 对角线，即绝对平均线；洛伦兹曲线以上、绝对平均线以下的部分就是收入分配不平等的部分。基妮（Gini）[1] 提出用绝对平均线以下三角形中洛伦兹曲线以上面积所占的比重来代表收入差距程度，即基尼系数。这一概念后来逐步被人们

---

[1] GINI C . Sulla misura della concentrazione e della variabilit à dei caratteri by Corrado Gini [J] . Atti Regio Istituto Veneto Tomo Parte II, 1914（260）:562.

接受，成为收入差距研究中使用最广泛的不平等衡量指标。基尼系数满足匿名性、齐次性、人口无关性、转移性等公理，且本身具有明确的经济学含义，能够高度概括某指标的整体分布情况。另外，基尼系数的取值为 0 ~ 1，不包含量纲，具有较好的可比性，是国际上最常用、最流行的不平等测度指标。

根据基尼系数的定义和数据详细程度，人们发展了很多种不同的计算方法，如万分法、等分法、曲线回归法等。皮亚特（Pyatt）、陈（Chen）和费（Fei）[1]（1980）提出对基尼系数进行项目分解的方法，他们首先根据推算将基尼系数表示为

$$G(y)=\frac{2\operatorname{cov}[y,r(y)]}{n\bar{y}} \tag{3-1}$$

其中，$r(y)$ 表示样本根据经济变量 y 的排序（rank）。y 由 m 个项目构成，即 $y=\sum_{k=1}^{m}y_k$，$\bar{y}=\sum_{k=1}^{m}\bar{y}_k$，则可以将式（3-1）展开为

$$\begin{aligned}G(y)&=\frac{2\operatorname{cov}[\sum_{k=1}^{m}y_k,r(y)]}{n\bar{y}}=\sum_{k=1}^{m}\frac{2\operatorname{cov}[y_k,r(y)]}{n\bar{y}}\\&=\sum_{k=1}^{m}\frac{\bar{y}_k}{\bar{y}}\frac{2\operatorname{cov}[y_k,r(y)]}{n\bar{y}_k}\\&=\sum_{k=1}^{m}\phi_k C(y_k)\end{aligned} \tag{3-2}$$

其中，$\phi_k=\bar{y}_k/\bar{y}$，是 y 的第 k 个项目的平均占比；$C(y_k)=\frac{2\operatorname{cov}[y_k,r(y)]}{n\bar{y}_k}$，是第 k 个项目的集中率，即按照总指标排序的情况下分项指标的不平等程度。这样就将经济指标 y 总的基尼系数分解为各种分项指标的集中率的加权平均。如果 C（yk）高于总的基尼系数 G（y），则可以认为 k 项收入对总体的收入差距起

[1] PYATT G, CHEN C N, FEI J. The Distribution of weaome by Factor Components［J］. Quarterly Journal of Economics, 1980, 95（3）:451–473.

到加强作用，而集中率低于总体基尼系数的项目则有助于缓和总体的不平等程度。

基尼系数的项目分解可以明确经济指标的各构成项目的不平等程度以及对整体不平等程度的作用和贡献，可以对收入、消费等经济指标的内部结构进行深入分析，得到了很多应用，如勒曼（Lerman）和伊扎基（Yitzhaki）[1] 等的研究就证实了这一点。另外，集中率的计算也可以作为检验不同经济指标之间联合分布的一个方式，比如按财富排序计算收入的集中率，如果这个集中率高于财富的基尼系数，就可以说明收入分配是向高财富人群集中的，占有财富越多的家庭和个体所获取的收入份额也越高。李实、魏众和古斯塔夫森[2] 的测算发现中国的房产和金融资产分布都明显偏向高收入人群。

3. 泰尔指数及其人群分解

泰尔指数由泰尔（Theil）[3] 提出，来自于广义熵（Generalized Entropy），当不平等厌恶系数取 1 时，即为泰尔指数。泰尔指数的计算公式为

$$T=\sum_{i=1}^{n}\frac{1}{n}\frac{y_i}{\bar{y}}\log\frac{y_i}{\bar{y}} \tag{3-3}$$

其中，y_i 是第 i 个个体的收入，$\bar{y}$ 为总体均值。

泰尔指数得到广泛应用的一个原因是它具备在人群间的可分解性[4]，可以按照

---

[1] LERMAN R I, YITZHAKI S. weaome Inequality Effects by weaome Source: A New Approach and Applications to the United States [J]. Review of Economics & Statistics, 1985, 67 (1):151–156.

[2] 李实，魏众，B.古斯塔夫森. 中国城镇居民的财产分配 [J]. 经济研究，2000 (3)：16–23.

[3] THEIL H. Economics and Information Theory [M]. Amsterdam: North–holland publishing co., 1967 ; THEIL H. Statistical decomposition analysis : with applications in the social and administrative sciences [J]. Journal of the Royal Statistical Society, 1972, 136 (3) :462.

[4] SHORROCKS A F. Inequality Decomposition by Population Subgroups [J]. Econometrica, 1984, 52 (6) :1369–1385.

性别、年龄、地理位置、教育水平等因素将不平等分解为组内不平等和组间不平等。泰尔指数的基本分解公式可以表示为

$$\begin{aligned} T &= T_{\text{within}} + T_{\text{between}} \\ &= \sum_{j=1}^{m}\left[y_j T_j\right] + \sum_{j=1}^{m}\left[\frac{n_j}{n}\frac{\bar{y}_j}{\bar{y}}\log\frac{\bar{y}_j}{\bar{y}}\right] \\ &= \sum_{j=1}^{m}\left[\frac{n_j}{n}\frac{\bar{y}_j}{\bar{y}}\left(\sum_{i=1}^{n_j}\frac{1}{n_j}\frac{y_i}{\bar{y}_j}\log\frac{y_i}{\bar{y}_j}\right)\right] + \sum_{j=1}^{m}\left[\frac{n_j}{n}\frac{\bar{y}_j}{\bar{y}}\log\frac{\bar{y}_j}{\bar{y}}\right] \end{aligned} \tag{3-4}$$

其中，y_j 表示第 j 组的收入份额，$y_j = \frac{n_j}{n}\frac{\bar{y}_j}{\bar{y}}$。组内不平等是各子样本内部泰尔指数根据收入比重加权的均值，组间不平等是各子样本均值之间的泰尔指数。泰尔指数的人群分解可以反映城乡分割、生命周期、地区差异等因素对不平等的贡献，比如王洪亮和徐翔[1]的分解计算认为中国城乡间的差距在收入差距变动中始终处于主导地位。

3.1.2 关于顶端极富家庭数据的修正

普遍认为，收入、财富的家庭调查都在一定程度上存在对富人收入和财富水平的低估，一方面是因为高收入、高财富人群会存在不同程度的谎报、漏报情况，另一方面是由于顶端极富人群很难被纳入调查范围。这就导致调查结果缺乏顶端高收入、高财富人群的数据，收入和财富差距的测度结果也是偏低的。对于这一问题，研究者们也在开发不同的方法对调查数据中富人的财富、收入进行修正，以期获得更加准确的测度结果。

---

[1] 王洪亮，徐翔. 收入差距孰甚：地区间抑或城乡间［J］. 管理世界，2006（11）：41-50.

根据实际问题对原始调查数据进行调整的方法主要有两种：一是考虑到富人倾向于对收入、财富数据进行谎报、漏报，对调查中的富人群体（比如财富顶端 1% 或者某一水平之上）的回答乘以一个系数进行调整；二是考虑到富人群体采访的困难，增加调查数据中富人群体的权重。这些方法对顶端数据的调整虽然能一定程度上弥补调查数据的缺陷，但调整系数和权重的设置都缺乏科学依据，更多的是一种主观调整。

统计学的研究表明帕累托分布对于财富分布顶端具有比较好的拟合效果[1]，很多研究考虑用外部数据对顶端极富人群的分布进行补充，通过帕累托分布的拟合来实现对财富分布指数的修正[2]。近年来，有些学者考虑用外部数据对顶端极富人群的分布进行补充，比如中国税务部门公布了 2006 年以来年收入超过 12 万元的纳税人数量和税额，皮凯蒂（Piketty）等[3]对收入分布的研究中将这部分人视为顶端 0.5% 的高收入人群，假设调查数据中底端 80% 的数据是真实的，同时假设 80% ~ 99.5% 的收入为线性变化，根据调查数据、税务数据和分布假设拟合出了修正后帕累托函数，进行收入差距的测度；他们还结合 CHIP、CFPS 以及胡润财富榜的数据对中国家庭的财富分布进行了详细测度，认为中国财富分化的加剧是非常迅速的。靳永爱和谢宇[4]在 CFPS 数据的财产数据技术报告中也使用《胡润百富榜》的数据拟合帕累托函数得到顶端 0.1% 的家庭财产，结合调查数

---

[1] CREEDY J. Statics and Dynamics of Income Distribution: An Introductory Survey［J］. Australian Economic Review, 1994, 27（4）:51–71.

[2] CHARLES I. Jones. Pareto and Piketty: The Macroeconomics of Top Income and Wealth Inequality ［J］. Journal of Economics Perspectives, 2015, 29（1）:29–46 ; BLANCHET T, FOURNIER J, PIKETTY T. Generalized Pareto Curves: Theory and Applications［J］. WID Working Paper, 2017.

[3] PIKETTY, THOMAS, YANG, LI, ZUCMAN, GABRIEL. Capital Accumulation, Private Property and Rising Inequality in China, 1978–2015［J］. Cepr Discussion Papers, 2017.

[4] 靳永爱，谢宇. 中国家庭追踪调查2012年和2010年财产数据技术报告［R］. 中国家庭追踪调查技术报告系列，编号：CFPS-29.

据作为其余 99.9% 的家庭，形成调整后的全国家庭财富分布数据，计算结果显示 2012 年我国修正后的家庭净财富的基尼系数达到 0.73，与调整前的 0.64 差距较大。

但是，我们注意到，以上方法对顶端富人数据的缺失和不准确造成的调查误差的修正都是针对单一指标的，无法对两个或多个指标进行同步修正。而本书的研究需要以家庭收入和家庭财富的互动关系为基础，探究收入差距和财富分布的关联性和相互影响，所以收入和财富的数据应该来自同一调查，收入和财富数据的样本家庭应该一致，也就是说每一个收入数据都应该有该家庭所对应的财富水平，家庭收入序列和财富序列必须是一一对应的。所以，对收入和财富数据的修正也应该是同步的，比如如果根据财富榜进行了顶端富人家庭财富数据的修正，那么也应该用这批高财富家庭的收入对收入数据进行修正；如果用税收数据进行了高收入家庭的收入修正，那么也应该用这些家庭的财富对财富数据进行调整，保证收入序列和财富序列的对应。就目前的数据环境来讲，这在实践上是不现实的。

另外，抽样调查虽然难以捕捉社会顶端极富人群的信息，存在对收入差距和财富分化程度的低估，但还是能够反映大众家庭收入形成和财富积累的普遍特征和一般规律，能够体现收入差距和财富分布之间的关联性，对于二者的关系和最优化的相关研究是非常有意义的。所以本书选择直接使用调查数据进行家庭收入差距和财富分布的测度和分析，不对顶端极富家庭进行修正。

3.1.3 微观数据库介绍

1. CFPS 数据介绍

本书的研究以家庭收入和家庭财富的互动关系为基础探究收入差距和财富分

布的关联性和相互影响，所以要求家庭收入和财富的数据来源于同样的调查样本，也就是说数据库中需要同时包含家庭收入和财富的相关信息。目前，中国公开的微观调查数据主要有中国健康与营养调查（China Health and Nutrition Survey，CHNS）、中国居民收入调查（China Household Income Project，CHIP）、中国综合社会调查（Chinese General Social Survey，CGSS）、中国家庭追踪调查（China Family Panel Studies，CFPS）等，这些由国内外高校和科研机构组织的入户调查搜集了中国居民家庭收入、消费、生活条件、财富积累等方面丰富的信息。每个数据库的侧重点不同，但大多包括比较详细的收入数据，而由于财富的私密性和隐蔽性，家庭财富数据的收集则比较困难。本书选择数据库主要考虑家庭财产数据的完整性，CFPS 调查对家庭土地、房产、金融资产等财富都进行了详细的询问，可以提供较为完整的家庭财产信息；此外，CFPS 调查的涉及范围较广，调查年份较新，其结果更具参考价值，所以本书最终选择 CFPS 数据进行收入差距和财富分布的测度和研究。

CFPS 是北京大学中国社会科学调查中心实施的一项具有全国代表性的长期追踪调查，旨在通过对个体、家庭、社区三个层次数据的收集来考察中国的社会经济变迁，为科学研究和政策制定提供数据基础。该项调查目前已经完成了 2010 年基线调查和 2012 年、2014 年、2016 年三轮追踪调查，且对受访家庭收入、财富的总量和结构都有详细的询问，能够为本书的研究提供家庭收入和财富的相关信息。CFPS 采用多阶段概率抽样，调查范围涵盖了全国 25 个省级行政区，覆盖了全国约 95% 的人口，能够反映全国的整体情况。CFPS 的基线调查抽取了 16000 户样本家庭，对所有家庭成员进行访问，包括家庭成员的就业、教育、健康等个体特征和家庭规模、家庭关系、家户生活条件等家庭特征，也对家庭的收入、财富、消费等经济变量进行了详细的询问，随后的追踪访问也收集了这些家庭各项变量的动态变化情况。

2. 研究单位和样本量

在收入分配和收入差距的相关研究中，可以以个人或者家庭作为研究单位，这里存在研究单位的选择问题。一般来说，对收入和收入分配的相关研究多以个人作为研究单位，但家庭财富的研究中以家庭为研究单位更为常见。李实、魏众等[1]分别以住户和个人为单位计算1995年中国城镇家庭的可支配收入和财产基尼系数，发现两种方法之下基尼系数的结果差异并不大，以住户为单位和以个人为单位的财产基尼系数分别为0.403和0.411，可支配收入的基尼系数分别为0.281和0.286。

本书的研究中选择以家庭作为研究单位，分析家庭收入和财富之间的互动关系以及家庭之间收入和财富的差距，原因如下：第一，私人部门的财富一般是以家庭为单位进行积累的，收入的获得中，除了工资性收入外，经营性、财产性收入以及大部分转移性收入都是以家庭为单位获得的，以家庭为单位进行收入和财富的研究更为合理；第二，受到传统文化习惯的影响，中国社会的家庭观念比较重，经济活动中的消费决策、投资决策、财富管理都是以家庭为单位进行的，财富分布和收入差距关联性的研究中以家庭为单位更加符合实际；第三，CFPS调查数据提供的也是样本家庭整体的财富和收入水平，如果将家庭信息分解到个人层面，还涉及家庭等值规模系数，需要考虑儿童抚养成本、家庭规模效应等问题，较为复杂，也尚未有认可度较高的结论。

数据处理过程中我们首先删除了关键变量存在缺失、异常的样本，进一步的处理中发现有部分家庭分项收入、财富之和与总收入、财富不相等，可能在分项收入、财富或者总收入的统计中存在差错，将这部分样本家庭也删除。经过以上处理后，本章进行中国家庭收入差距和财富分布实际测度的样本量为：2010年

---

[1] 李实，魏众，B.古斯塔夫森. 中国城镇居民的财产分配［J］. 经济研究，2000（3）：16–23.

10211 户，2012 年 8785 户，2014 年 10402 户，2016 年 12791 户。

3.2　收入差距的实际测度与分析

3.2.1　收入的分组份额分析

自改革开放以来，中国居民家庭收入在快速提高的同时也逐步实现了分化，收入差距经历了从改革开放初期的相对平均到一步步扩大的过程，根据国家统计局公布的基尼系数，中国的收入差距近年来一直处于高位。在本书的研究中，为了与财富分布的测度一致，也以家庭为单位进行收入差距的测度和分析。根据表 3–1 可知，全社会超过 35% 的收入都集中在顶端的 10% 家庭中，顶端的两成家庭占据的收入份额就过半数，而收入水平最低的 10% 家庭仅仅占有不到 1% 的收入，较低 50% 家庭的收入份额也不足两成。最高收入组和最低收入组的平均收入相差 50 倍，不同家庭之间的收入水平存在较大的差距。

表 3–1　十等分组的收入份额　　单位：%

时间	1 组	2 组	3 组	4 组	5 组	6 组	7 组	8 组	9 组	10 组
2010 年	0.72	2.06	3.31	4.60	6.00	7.59	9.49	12.47	17.08	36.67
2012 年	0.39	1.46	3.07	4.63	6.16	7.95	9.97	12.73	16.89	36.75
2014 年	0.42	1.56	3.16	4.68	6.12	7.75	9.61	11.94	15.81	38.95
2016 年	0.71	1.96	3.35	4.79	5.96	7.64	9.34	11.96	16.08	38.21

托马斯·皮凯蒂[1]根据收入水平的排序将全体社会成员分为四类：收入水平处于较低的 50%，中间的 40%，顶端 10% 中靠下的 9%，最顶端 1%。上文已经提到，入户调查中很难访问到顶端收入最高的富豪家庭，所以本书的微观数据也很难包

[1] 皮凯蒂. 21世纪资本论［M］. 巴曙松，等，译. 北京：中信出版社，2014.

括最顶端 1% 的家庭。本书根据这种分类方式将样本家庭分为三类，按照这个定义，收入水平较低的 50% 就是社会中占半数的收入较低的群体，根据 CFPS 的统计数据，中国收入水平较低的 50% 家庭所占的收入份额不足两成，收入水平也远低于平均水平。中间收入水平的 40% 家庭是指大量收入水平高于多数人，但距离真正的精英、富裕家庭还很遥远的家庭，中国收入水平处于中间的 40% 家庭的收入份额约为 45%，其平均收入略高于整体均值，但与顶端 10% 的家庭仍然差距非常大。表 3-2 列出了历年各组家庭的收入均值和份额，通过不同年份间的对比可以发现，各组收入水平都在不断提高。2010—2016 年，50% 较低家庭收入的份额基本保持稳定，而中间 40% 的收入份额有所下降，对应的，最高 10% 家庭收入份额有所上升。因此，在此期间收入的不平等程度是提高的，且主要是源于收入从中间 40% 家庭向最高 10% 家庭的转移。

表 3-2 各组家庭收入的均值和份额

分组	2010 年		2012 年		2014 年		2016 年	
	均值（元）	份额（%）	均值（元）	份额（%）	均值（元）	份额（%）	均值（元）	份额（%）
较低 50%	11827	16.70	14804	15.71	18068	15.94	19583	16.77
中间 40%	41284	46.63	55993	47.54	63949	45.11	65716	45.02
最高 10%	129743	36.67	173049	36.75	220634	38.95	222964	38.21

3.2.2 收入差距的基尼系数测度和项目分解

根据国家统计局公布的数据，近年来中国居民收入的基尼系数为 0.4700 左右，存在小幅的下降。本书以居民家庭为单位，根据 CFPS 调查数据测度了中国居民家庭收入的基尼系数。从表 3-3 可知，2010 年中国家庭收入基尼系数为 0.5039，其后四年呈上升趋势，到 2014 年为 0.5251，2016 年有所回落，为 0.5111。

表 3-3　收入基尼系数及其项目分解结果

收入分布	2010 年			2012 年			2014 年			2016 年		
	基尼系数	集中率	贡献率（%）	基尼系数	集中率	贡献率（%）	基尼系数	集中率	贡献率（%）	基尼系数	集中率	贡献率（%）
总家庭收入	0.5039	—	100.00	0.5157	—	100.00	0.5251	—	100.00	0.5111	—	100.00
工资性收入	—	0.5282	69.01	—	0.5477	63.18	—	0.5000	58.54	—	0.4486	55.13
经营性收入	—	0.2770	11.84	—	0.4417	15.09	—	0.4107	12.35	—	0.4316	17.47
财产性收入	—	0.6899	1.76	—	0.6070	2.58	—	0.6032	2.09	—	0.6175	2.45
转移性收入	—	0.5388	13.24	—	0.4671	16.86	—	0.6450	25.18	—	0.3749	16.70
其他收入	—	0.5568	4.15	—	0.3732	2.29	—	0.3607	1.84	—	1.3404	8.25

根据来源不同，家庭收入一般分为工资性收入、经营性收入、财产性收入、转移性收入等，对于不同来源的收入，其差距的形成和运行机制是不同的，劳动收入的差距可能与教育体系、工资制度相关，而财产性收入的差距可能更多来源于财富积累、投资行为的差异以及馈赠和继承机制。根据式（3-2）的基尼系数分解方法，可以把总收入的差距分解到各项收入上。表 3-3 列出了按总收入排序的各分项收入集中率及其贡献率，由表 3-3 可知，中国居民家庭收入结构具有以下特点：

（1）工资性收入是居民家庭收入的主体，占比超过五成，但在持续下降中，居民家庭收入的多元化程度越来越高。

（2）从收入差距程度来看，工资性收入的集中率也呈下降趋势，2014 年和 2016 年工资性收入的集中率都低于总收入基尼系数，工资性收入对总收入差距的作用已经从之前的扩大逐步转变为缓解。

（3）财产性收入所占比重较小，平均只有 2% 左右。另外财产性收入的集中率是最高的，远超过总收入的基尼系数，对整体收入差距起到扩大作用；财产性收入是建立在一定的财富积累的基础上的，这也是财富与收入关系的重要连接，财产性收入对整体收入差距的扩大作用也一定程度上说明财富分布对收入差距的作用。

微观数据提供的收入结构还可以根据收入分配的类型探究社会特点，如果高收入家庭的劳动占比更高，则说明收入的分化主要来自于精英阶层与普通劳动者劳动收入的巨大差距，是美国式的“超级精英社会”；而高收入家庭以财产性收入为主则说明收入差距主要是由于财富的代际传递带来的财富水平的巨大差异，是“超级世袭社会”。表 3–4 对比了各年份、各阶层工资性收入和财产性收入的比重，不难发现，我国各阶层中工资性收入都是家庭收入的主体部分，财产性收入所占比重都很低。而横向对比蕴含了收入分配结构的更多信息：

（1）收入分配最高 10% 的家庭比较低 50% 家庭的工资性收入比重更高，说明我国一定程度上属于“精英式社会”，高收入家庭的收入更多来源于较高的工资性收入。

（2）财产性收入比重呈现出“中间低、两头高”的特征，各个年份中间 40% 家庭的财产性收入比重都是最低的，较低 50% 和最高 10% 家庭的收入中财产性收入占比都更多。

（3）从时间变化上来看，2014 年之后最高 10% 家庭的劳动收入占比低于中间 40% 家庭，说明高收入家庭对工资性收入的依赖性在减弱，存在从“精英社会”向“世袭社会”转变的潜在趋势。

表 3-4　各组家庭劳动收入和财产性收入比重　　单位：%

收入分配与时间		较低 50%	中间 40%	最高 10%
工资性收入	2010 年	52.13	70.64	71.19
	2012 年	38.02	66.58	67.19
	2014 年	43.67	67.14	62.29
	2016 年	31.25	51.35	49.04
财产性收入	2010 年	1.40	1.06	2.56
	2012 年	2.97	1.99	3.39
	2014 年	2.22	1.59	3.32
	2016 年	1.43	1.03	2.52

3.2.3　收入差距的泰尔指数测度和人群分解

由于历史原因和宏观政策，中国经济发展的一个重要特点是存在城乡间和地区间极大的不平衡，城乡之间和地区之间经济发展的差距导致居民收入水平也存在巨大差异，成为收入差距的重要组成部分。本书通过泰尔指数的分解来探究城乡之间、地区之间收入差距与总收入差距的数量关系，表 3-5 列出了泰尔指数测度和分解的结果。

表 3-5　收入泰尔指数及其按城乡、省域分解的结果

时间	总体	城乡分解		省域分解	
		组内	组间	组内	组间
2010 年	0.4776	0.4257（89.13%）	0.0519（10.87%）	0.3997（83.7%）	0.0779（16.30%）
2012 年	0.5246	0.5011（95.51%）	0.0236（4.49%）	0.4762（90.76%）	0.0485（9.24%）
2014 年	0.6426	0.6099（94.90%）	0.0331（5.15%）	0.5331（83%）	0.1093（17%）
2016 年	0.5550	0.51659（93.05%）	0.0386（6.95%）	0.4721（85.04%）	0.0831（14.96%）

注：括号中为组内、组间不平等的比重。

泰尔指数的总体测度表明 2010—2016 年家庭收入差距程度为先扩大后缩小的变动，总体上有所扩大，这与基尼系数的测度结果是一致的。本书首先进行了

收入差距在城乡之间的分解，城市和农村内部的收入差距与总体收入差距的变动趋势一致，有所扩大，而城乡之间的收入差距总体是减少的。总体收入差距中，城乡之间差距所占比重不足10%，收入差距主要还是来源于城市和农村家庭内部。省域的分解是将总的泰尔指数按照25个样本省份进行分解，根据分解结果，各省内部的收入差距占到总体差距的80%以上，且2010—2016年有所提高，而省份之间的收入差距存在小幅的下降，地区间的家庭收入差距有所缓解。另外，城乡之间和省域之间分解结果的对比表明居民家庭的收入差距在地区之间更甚，收入水平的地区差距比城乡差距更大。

3.3 财富分布的实际测度与分析

3.3.1 财富分布的分组份额分析

一般来说，贫富差距包含两方面的内容：一定时间段所获得收入的差距和某一时点拥有财富量的差距。居民家庭之间财富分布的差异也是贫富差距的重要内容。由于财富具有可积累、可继承的特点，一般来说财富在家庭间分布的差异程度比收入更甚。表3-6列出了中国2010—2016年十等分组的家庭财富份额，顶端财富最多的10%家庭占据了全社会私人财富的一半以上，而底端大量家庭只占有极少的财富份额。

表3-6　十等分组的财富份额

时间	1组	2组	3组	4组	5组	6组	7组	8组	9组	10组
2010年	0.19	0.83	1.53	2.31	3.23	4.42	6.15	9.07	15.70	56.59
2012年	0.39	1.13	1.91	2.76	3.76	5.04	6.66	9.45	15.90	53.02
2014年	0.22	1.00	1.89	2.82	3.93	5.15	6.94	9.77	15.96	52.33
2016年	0.10	0.60	1.30	2.07	3.02	4.10	5.72	8.30	14.06	60.73

上文中将收入排序的较低 50%、中间 40% 和最高 10% 将样本家庭分为三类，本小节也用相同的方式根据家庭财富拥有量进行划分，表 3–7 列出了各类家庭的平均财富水平和所占份额。6 年来各组家庭的财富拥有量都实现了很大的增长，但是从各组所占的财富份额来看，财富分布的变化却不容乐观。较低 50% 的家庭在 2010 年占有全社会财富的 8.08%，这一比重在 2012 年提高到 9.94%，却在接下来的两个调查年度持续下降，到 2016 年仅为 7.09%；中间 40% 家庭的财富份额从 2010 年的 35.34% 提高到 2014 年的 37.81% 后在 2016 年下跌为 32.19%；相对的，最高 10% 家庭的财富份额经过 2012 年、2014 两个调查年度的下跌，在 2016 年提高到 60.73%。以上的分析可以说明中国居民家庭的财富分布在 2010—2012 年是好转的，之后 2014 年基本保持稳定，中间阶层地位有所提高，到 2016 年则存在财富份额从较低和中间阶层向最高阶层的转移，财富分配的不平等程度加深。

表 3–7　各组家庭财富的均值和份额

分组	2010 年		2012 年		2014 年		2016 年	
	均值（万元）	份额（%）	均值（万元）	份额（%）	均值（万元）	份额（%）	均值（万元）	份额（%）
较低 50%	5.60	8.08	7.72	9.94	9.25	9.86	8.69	7.09
中间 40%	30.13	35.34	35.95	37.05	43.73	37.81	47.22	32.19
最高 10%	192.83	56.59	205.67	53.02	241.84	52.33	356.12	60.73

3.3.2　财富分布的基尼系数测度和项目分解

一般来说财富分布分化的程度要高于作为流量的收入，根据国内外学者的测算，世界上大多数国家的财富基尼系数为 0.6 ~ 0.8，普遍高于收入的基尼系数。本书根据 CFPS 数据测算的中国家庭财富基尼系数 2010 年为 0.6889，2012 年有所下降，为 0.6499，2014 年基本保持稳定，在 2016 年提高到 0.7399，这与分组份额的分析结果基本一致。表 3–8 列出了财富基尼系数及其项目分解结果。

表 3–8　财富基尼系数及其项目分解结果

收入分布	2010 年			2012 年			2014 年			2016 年		
	基尼系数	集中率	贡献率（%）	基尼系数	集中率	贡献率（%）	基尼系数	集中率	贡献率（%）	基尼系数	集中率	贡献率（%）
总家庭财富	0.6889	—	100	0.6499	—	100	0.6495	—	100	0.7399	—	100
土地	—	0.0927	4.38	—	0.1786	6.01	—	0.1695	4.65	—	0.3284	3.13
房产净值	—	0.7228	81.47	—	0.6897	73.54	—	0.6939	77.11	—	0.7872	78.77
金融资产	—	0.6249	5.88	—	0.5817	11.02	—	0.5939	10.76	—	0.6242	9.80
生产性固定资产	—	0.9315	2.29	—	0.8528	4.87	—	0.6701	2.50	—	0.6312	2.55
耐用品	—	0.6337	5.97	—	0.5785	4.56	—	5.5224	4.97	—	0.5602	5.75

注：CFPS数据中，土地价值是根据农业收入估算而来，假定农业收入的25%来源于土地，土地的收益率为8%，则土地价值=农业收*25%/8%。[1]

CFPS 调查关于家庭财产的统计包括土地、房产净值、金融资产、生产性固定资产和耐用品五类，根据表 3–8 的分解结果，可以发现：

（1）中国居民家庭的财富积累中房产具有非常重要的地位，占据所有财富的 80% 左右，且按总财富排序的房产集中率高于总的财富基尼系数，房产在家庭财富分化中起到推动的作用。

（2）生产性固定资产所占比重较低但是集中率水平是很高的，更多地向高财富家庭集中，为高财富家庭带来更多的经营性收入，加强财富分布对收入差距的关联性。而生产性固定资产的集中率在 6 年间呈现下降趋势，到 2016 年开始低于总体基尼系数，对总财富的进一步分化起到缓解作用。

（3）金融资产的集中率较低，能够一定程度上缓解财富分布的差距，越来越

[1] MCKINLEY T, GRIFFFIN K. The Distribution of Land in Rural China［M］// The distribution of wealth in rural China. M.E. Sharpe, 1993:71–84.

成为一种重要的家庭财富持有方式。

（4）土地资产仅存在于农村家庭，土地向高财富家庭集中的趋势有所增加，更多的农村家庭在财富排名中占据较高的位置，一定程度上反映了家庭财富的城乡差距有所减小。

3.3.3　财富分布的泰尔指数测度和人群分解

经济发展的不平衡不仅影响居民收入水平，对家庭财富的形成和积累也存在深远影响。20 世纪 90 年代以来的城市化进程以及住房商品化改革带来的房价飞涨使得在家庭财富中占据主导地位的住房在城镇家庭中迅速实现分化，房价在不同地区、不同城市之间的巨大差异也使得家庭财富水平存在巨大的地区差异，更是增加了城乡之间家庭财富的差距。本书通过泰尔指数的分解来探究城乡之间、地区之间财富差距的数量关系，表 3–9 列出了家庭财富的泰尔指数测度和分解的结果。

表 3–9　财富泰尔指数及其按省域分解的结果

时间	泰尔系数	按城乡分解		按省域分解	
		组内	组间	组内	组间
2010 年	1.0142	0.8858（87.34%）	0.1284（12.66%）	0.6214（61.27%）	0.3928（38.73%）
2012 年	0.8863	0.7584（85.57%）	0.1279（14.43%）	0.5838（65.87%）	0.3025（34.13%）
2014 年	0.8477	0.7404（87.34%）	0.1073（12.66%）	0.5513（65.03%）	0.2964（34.97%）
2016 年	1.2405	1.1358（91.56%）	0.1047（8.44）	0.8963（72.25%）	0.3442（27.75%）

注：括号中百分数为泰尔指数分解的组间、组内比重。

根据泰尔指数的测度结果，2010—2016 年中国居民家庭财富分布的差距呈先下降后上升的趋势。按城乡的分解显示，城乡内部的家庭财富分布差距也是先下降后提高，且其在总体不平等中所占的比重是不断提高的，而城乡之间的差距和所占份额都在持续下降中。按省域的分解中，各省内部的差距所占比重由61.27% 提高到 2016 年的 72.25%，也经历了先下降后提高的过程。与收入差距的分解结果类似，家庭财富水平的地区差异比城乡差异更大。而与收入差距相比，财富分布的城乡分解和省域分解都体现了更大的比重的组间差异，财富分布比收入分布存在更多的城乡、地区差异。

3.4 收入差距和财富分布关联关系的初步测度

3.4.1 收入差距和财富分布的对比

前文已经提到，由于财富具有可积累、可继承的特点，经过经年累月的积累和一代代的继承、转移之后，财富的分布差距一般是高于收入差距的。根据全世界各国的经验数据，收入的基尼系数一般为 0.3 ~ 0.5，而财富的基尼系数大多为 0.6 ~ 0.9。表 3-10 列出了我国 2010—2016 年收入和财富基尼系数的对比，与其他国家相比，我国现阶段的财富分布程度是比较低的，但是也应该注意到我国的收入的基尼系数已经超过 0.5 的临界值，处于较高水平，在这样的趋势下必然会导致未来财富分布差距的进一步扩大。而且发达国家较高的财富分布差距程度是经历了数百年积累才形成的，而我国家庭财富从无到有、从少到多的积累也不过短短 40 年，这个过程中财富分化的势头是非常值得警惕的。

从表 3-10 可知，2010—2016 年，中国居民家庭收入的基尼系数呈现先上升后下降的趋势，而家庭财富基尼系数是先下降后上升的，这种差异说明收入和财富分布的影响因素、形成机制并不相同，二者之间错综复杂的联系和影响需要细致的研究。

表 3-10　2010—2016 年收入和财富基尼系数的对比

时间	全国		城市家庭		农村家庭	
	家庭收入	家庭财富	家庭收入	家庭财富	家庭收入	家庭财富
2010 年	0.5039	0.6889	0.4722	0.6644	0.4882	0.6084
2012 年	0.5156	0.6499	0.5036	0.6278	0.5110	0.5558
2014 年	0.5250	0.6494	0.5207	0.6421	0.5055	0.5572
2016 年	0.5110	0.7399	0.4746	0.7047	0.5124	0.7293

财富分布的差距会带来财产性收入的差距，二者的对比反映了一个国家金融市场发展和金融信息对等状况，如果居民获得财产性收入的差距比财富分布更甚，说明低财富群体的投资渠道受到限制或者金融素养较低，无法获得更高的财产收益率，财富差距导致了更大程度的财产性收入差距，对收入差距具有推动作用。表 3-11 的对比显示财产性收入与家庭财富分化的变动趋势一致，但程度上要远高于财富分布，这说明我国高财富家庭的资产收益率要高于低财富家庭，形成了比财产分化程度更高的财产性收入差距。上文对收入基尼系数的项目分解表明中国居民家庭收入中财产性占据越来越重要的位置，所以财富分布差距中通过财产收益率的差异对收入差距的推动越来越需要得到重视。

表 3-11　2010—2016 年家庭财富和财产性收入基尼系数的对比

时间	家庭财富基尼系数	财产性收入基尼系数
2010 年	0.6889	0.9728
2012 年	0.6499	0.9637
2014 年	0.6494	0.9592
2016 年	0.7398	0.9613

3.4.2 家庭财富和收入分布的相关性

上文对家庭收入差距和财富分布差距的对比体现了二者的差异性和内在关联性，关于收入差距和财富分布之间内在联系的分析还应该追溯到家庭层面上二者的分布。在现实生活中，既存在拥有大量财富但收入水平很低的家庭，也存在高收入低财富甚至零财富的“月光族”，家庭的收入和财富水平并不是完全同步的，家庭收入和财富分布的同步性决定了收入差距和财富差距叠加之下综合的差异程度。举一个最极端的例子，如果一个社会中一组人拥有足够其一生消费需求的财富但没有任何收入，而另一组人没有财富但每期可以获得能满足当期消费需求的收入，那么这个社会中存在比较严重的收入差距和财富差距，但二者叠加之下，人们拥有同样的资源来满足自身的需求，社会经济是绝对平等的。所以收入和财富分布的不一致性越强，二者的结合就越能缓解收入或者财富单项的全社会整体贫富差距，对于全社会整体贫富差距的考察也应该考虑二者的联合分布。

以 2016 年为例，表 3–12 分别列出了财富和收入十等分组下各组收入和财富的平均水平。根据分组的平均水平，居民财富和收入的分布大体是正相关的，不论按照财富还是按照收入分组，从 1 ~ 10 组的平均财富和平均收入水平大体上都是递增的（个别年份出现递减趋势）。但是从中也可以看到收入与财富分布的差异性，按照财富水平排序，最底层 10% 的家庭平均财富拥有量不足万元（包括约 0.1% 的纯负债家庭），而这些家庭的平均收入达到 27233 元，超过约 34% 的家庭；类似的，按照收入排序排在最底层的 10% 家庭的平均收入仅为 4117 元，但其平均财富水平约为 21 万元，超过半数家庭，按照财富排序可以归为中产阶层。财富水平最高的 10% 家庭中，平均财富水平为 3561182

元，其平均收入水平达到 156544 元，虽然在财富分组中最高，但远低于最高收入组的 222965 元。财富水平的分组中，第 2 组家庭的平均收入要高于财富水平更高的第 3、第 4 组，说明在财富十等分的第 2 组、第 3 组、第 4 组之间存在财富水平和收入水平的“倒挂”。再观察收入分组下的财富水平，这种现象更加严重，在收入水平依次提高的第 2 组、第 3 组、第 4 组中，家庭财富水平却是递减的，第 6 组的财富水平也低于第 5 组。这些对比都表明收入和财富在家庭层面的分布是存在一定差异性，家庭收入与财富间的互动关系也非常复杂。

表 3-12　根据财富和收入十等分组的平均财富和收入水平　　单位：元

按财富分组	平均财富	平均收入	按收入分组	平均收入	平均财富
1	7073	27233	1	4117	208735
2	35087	36867	2	11427	302135
3	76389	30221	3	19578	240197
4	121491	34882	4	27990	235374
5	177246	40820	5	34805	374681
6	240846	46682	6	44603	339314
7	335873	54653	7	54555	519123
8	486818	68756	8	69841	582360
9	825353	87141	9	93866	977530
10	3561182	156544	10	222965	2172727

有的研究用各指标交叉的人口比重、份额来测度经济指标之间的联合分布，比如费希尔（Fisher）等[1] 用同时处于两个维度最高 5% 的人口比例来表示收入、消费和财富的 2 维、3 维不平等，塞斯（Saez）和祖克曼（Zucman）[2] 用顶端 1%

---

[1] FISHER J, JOHNSON D, SMEEDING T M, et al. Inequality in 3-D: Income, Consumption, and Wealth [J]. Finance & Economics Discussion, 2015.

[2] SAEZ E, ZUCMAN G. Wealth Inequality in the United States since 1913: Evidence from Capitalized Income Tax Data [J]. Quarterly Journal of Economics, 2016, 131 (2) :.519-578.

高财富人群的收入份额来表示二者的关联性。本书以收入排序的分组为基础，观察了顶端 10% 高收入家庭的财富分布情况，如表 3–13 所示。2010 年，收入分布顶端 10% 的家庭只有 44.42% 同时处于财富分布的顶端 10% 中，44.52% 的家庭处于财富分布的 50% ~ 90% 之间，属于财富拥有的中间阶层，更有 11.06% 的高收入家庭只拥有较少的财富，处于财富分布的较低 50% 中。2012 年这一现象更为明显，高收入家庭更多地分布在中、低财富阶层，收入和财富分布的不一致性达到最高，之后的 4 年收入与财富的分布又趋于集中，到 2016 年，近半数的高收入家庭也拥有高水平的财富，在财富分布中处于较低 50% 的比重下降到不足 10%。总体来说，2010—2016 年收入和财富分布的同步性是先下降后提高的，到 2016 年，不仅收入和财富各自的不平等程度较 2010 年有所提高，较高的收入和财富还更多地集中在同一批家庭中。

表 3–13　顶端 10% 高收入家庭的财富水平分布　　单位：%

时间	较低 50%	中间 40%	最高 10%	总和
2010 年	11.06	44.52	44.42	100
2012 年	16.72	45.28	38.00	100
2014 年	14.79	41.31	43.90	100
2016 年	8.75	42.03	49.22	100

3.4.3　收入和财富的相对集中率测度

上文介绍了基尼系数的分项目分解方法，指出集中率和基尼系数的比较可以作为检验不同指标之间联合分布的一个方式。比如，根据收入水平排序计算的财富集中率与收入基尼系数的比较，可以说明财富的分布是向高收入家庭集中还是偏向低收入家庭，如果财富集中率高于收入的基尼系数，则说明财富是向高收入家庭集中的，对收入差距的扩大起到推动作用。表 3–14 给出了根据收入水平排序下总财富以及各类财富的集中率，虽然家庭财富的基尼系数高于收入，但按收入水平排序计算的总财富集中率是远低于收入基尼系数的，也就是说部分低收入家庭其实拥有相对较高的财富水平，二者叠加之下对总体的贫富分化程度有所缓解。

表 3–14 历年收入基尼系数和按收入排序的财富集中率

家庭收入基尼系数（按收入排序的集中率）	2010 年	2012 年	2014 年	2016 年
收入基尼系数	0.5038	0.5156	0.5250	0.5110
总财富集中率	0.3097	0.2724	0.2699	0.3097
土地集中率	0.3093	0.2108	0.2313	0.2675
房产净值集中率	0.1988	0.3785	0.3633	0.4367
金融资产集中率	0.6731	0.7079	0.6920	0.6835
生产资产集中率	0.3383	0.3528	0.2848	0.3176
耐用品集中率	0.3857	0.1907	0.1865	0.1952

分项财富中，土地、房产净值、生产性固定资产、耐用品的集中率都低于收入基尼系数，只有金融资产的集中率是高于收入基尼系数，更多地向高收入家庭集中，说明高收入家庭具有更强大的储蓄能力和金融投资渠道，金融市场的不完善和金融产品缺乏是家庭财富差距扩大的一个原因。

另外，应该注意到，房产净值的集中率虽然低于收入差距程度，却存在很强的增长趋势，从 2010 年的 0.1988 达到 2016 年的 0.4367，甚至越来越接近收入基尼系数，出现向高于收入家庭集中的趋势。考虑到房产是中国居民家庭最重要的资产持有形式，占家庭净财富的比重超过 70%，房产集中率的提高是非常值得警惕的，如果房产持有与收入差距出现了相互加强的关系，会进一步作用于财富分布，造成整体财富差距程度的一步步扩大。

类似的，我们也进行了财富排序下总收入和分项收入集中率的测算，如表 3–15 所示。根据家庭财富水平进行排序的情况下，收入的集中率低于其本身的基尼系数，也是低于财富的基尼系数的。这与表 3-14 的对比结果一致，说明收入与财富分布不是完全同步的。各分项收入中，工资性收入的集中率最低，作为在总家庭收入中占比超过一半的重要组成部分，虽然工资性收入的基尼系数也达到 0.4410 ~ 0.4900，但集中率的对比结果说明工资收入的分布与财富分布存在很大的不同步，是有助于缓解财富分化的。但是同样需要注意的是工资性收入的集中率也趋于上升，存在从低财富家庭向高财富家庭转移的趋势，一定程度上说明家庭财富水平对劳动收入的影响逐步加强。此外，财产性收入自身的基尼系数虽然高达 0.9590 ~ 0.9730，其集中率也是低于财富整体的基尼系的，说明家庭之间资产收益率还是存在一定差别，家庭金融和理财产品存在更多的发展空间。

表 3-15　历年财富基尼系数和按财富排序的收入集中率

家庭财富基尼系数（按财富排序的集中率）	2010 年	2012 年	2014 年	2016 年
财富基尼系数	0.6889	0.6499	0.6494	0.7398
总家庭收入集中率	0.4391	0.3612	0.3979	0.4482
工资性收入集中率	0.0638	0.1129	0.1220	0.2388
经营性收入集中率	0.4336	0.3643	0.3968	0.4330
财产性收入集中率	0.5932	0.4267	0.4963	0.5732
转移性收入集中率	0.7666	0.4208	0.5637	0.5588
其他收入集中率	0.5111	0.4168	0.3765	0.5081

3.5　本章小结

本章根据 CFPS 微观调查数据，以家庭为单位，对中国家庭的收入差距和财富分化的程度、变化、结构进行了测度和分析。我国的收入的基尼系数较高，在这样的趋势下必然会导致未来财富分布差距的进一步扩大。我国家庭财富从无到有、从少到多的积累也不过短短几十年，这个过程中贫富差距的发展势头值得警惕。本章的主要结论包括如下几方面。

1. 收入差距

2010—2016 年，中国居民家庭的收入差距为先缩小后扩大的变动，总体上存在一定程度的扩大，主要是居民收入从中间阶层向最高阶层的转移。收入结构方面，中国居民家庭的收入以工资性收入为主，但工资性收入在家庭收入中的比重和差距程度都在下降，从 2014 年开始，按总收入排序的工资性收入集中率系数低于总收入的基尼系数，工资性收入的分布对收入差距起到缓解作用；财产性收入在中国家庭收入中占比很小，但是差距很大，对总收入差距起到扩大作用，同时，较低阶层和富裕阶层的财产性收入比重较高，中间阶层的这一比重最低。收入差距以城乡内部和各省内部为主，城乡之间的差距占比不足 10% 且存在下降趋势，省份之间的收入差距也存在小幅的下降。另外，城乡之间和省域之间分解结果的对比表明居民家庭的收入差距在地区之间更甚，且地区差距和城乡差距都有所缩小。

2. 财富分布

财富的差距在 2010—2012 年是下降的，但 2012—2014 年存在从较低阶层和最高阶层向中间阶层的少量转移，到 2016 年，10% 的高财富家庭所占有的财富份额达到 60.73%，大量财富从较低阶层和中间阶层转向最高阶层，财富分布的分化程度加深。中国居民的家庭财富以房产净值为主，平均占比接近 80%，且房产的分布是向高财富家庭倾斜的，房产拥有的差异以及房地产市场的发展和价格波动加剧了家庭财富差距的进一步拉大；生产性固定资产所占比重较低，但是更多地向高财富家庭集中，为高财富家庭带来更多的经营性收入，对收入差距扩大存在推动作用。金融资产的集中率较低，且在总家庭财富中所占比重有所提高，能够一定程度上缓解财富分布的差距。土地资产集中率的上升趋势说明更多的农村家庭在财富排名中占据较高的位置，一定程度上反映了家庭财富城乡差距的缩小。城乡之间的家庭财富差距及其在总财富不平等差距中所占的比重都是持续下降的，省域之间也是如此。与收入差距的分解结果类似，家庭财富水平的地区差异比城乡差异更大。

3. 收入差距和财富分布的关联关系

首先，财富分布的分化程度要远高于收入，财富的基尼系数为0.6500 ~ 0.7400，财富水平最高的10%家庭占有全社会超过50%的财富，而收入的基尼系数只有0.5000 ~ 0.5300，最高10%家庭的份额不足四成。同时，收入差距和财富分布的变动趋势并不相同，说明二者在形成机制、影响因素方面存在差别。财产性收入与家庭财富分布的变动趋势一致，但程度上要远高于财富的差距程度，这说明财富分布差距导致了更大程度的财产性收入差距，对收入差距的扩大具有推动作用。

家庭层面，收入和财富的分布大体正相关但存在很多差异性。根据财富水平的分组中，部分组的平均收入水平存在一定的“倒挂”现象，根据收入水平分组亦是如此。高收入和高财富家庭的重合率不足50%，约10%的高收入家庭甚至属于财富分布的底层；底端10%的低财富家庭平均收入水平超过约34%的家庭，而底端10%低收入家庭的平均财富水平则超过中位数。

进一步的基尼系数和集中率的对比也表明收入和财富的分布是不同步的。按照收入水平排序，土地、房产净值、生产性固定资产、耐用品以及总财富的集中率都低于收入基尼系数，倾向于低收入家庭，只有金融资产是向高收入家庭集中的，体现了高收入家庭储蓄和积累财富的能力。另外，占总财富比重很大的房产净值的集中率连续提高，越来越接近收入基尼系数，出现向高收入家庭集中的趋势。根据家庭财富水平进行排序的情况下，各项收入以及总收入的集中率也都是低于财富基尼系数的，其中工资性收入作为在总家庭收入中占比超过一半的重要组成部分，其集中率是最低的，有助于缓解财富的分布分化程度。但是工资性收入的集中率也趋于上升，存在从低财富家庭向高财富家庭转移的趋势。

第4章　收入差距和财富分布相互作用的联立方程模型

第2章对收入差距和财富分布的关联性以及二者的成因、后果进行了理论上的探讨，本章的主要内容是构建一组联立方程模型对收入差距、财富分布以及相关经济变量之间的相互影响关系进行量化的估计和检验。本章首先介绍了实证模型的构建思路，然后根据第2章的理论分析确定了模型的具体形式并进行实际估计，得到收入差距、财富分布与相关经济变量之间的量化关系。

4.1　计量模型的构建

4.1.1　构建思路

收入差距和财富分布都是宏观层面上的度量指标，所以本章计量模型的构建也应该在宏观层面进行。中国的经济体制改革进行了40余年，居民家庭的收入和财富都经历了从无到有、从较为平均到逐渐分化的过程，收入和财富的分布都经历了不同的发展阶段，但家庭层面的收入和财富缺乏连贯、翔实的统计数据，特别是家庭财富的统计数据十分有限，数据的限制导致很难通过年度数据进行有效的趋势分析。所以本文考虑用省级面板数据进行收入差距和财富分布关联性和作用关系的分析。中国各地区的发展存在很大程度的不平衡性，东南沿海的发达地区和广大中、西部地区在经济水平上存在巨大差距，但各个省份都有着共同的历史和文化传统，能够进行货物服务、劳动力、文化等方面的有效流动和交流，经济政治体制、政策环境、市场条件也基本一致，各个省份的发展轨迹是大体相近的。可以说“发达省份的今天，可能在一定意义上就是较落后省份的明天”[1]，因此面板数据也可以有效反映收入差距和财富分布之间的作用关系，进行量化分析。

本书的计量模型是根据 CFPS 微观调查数据进行省际的收入差距和财富分布测度，结合各类省级经济指标，用 2010—2016 年 25 个省份的面板数据对理论模型进行计量估计，对收入差距和财富分布的互动关系和影响因素进行分析和检验。

4.1.2 计量方法和模型设定

收入和财富分布差距的成因、后果和相互作用的理论分析中考察了方方面面的影响机制和因素，但是理论模型数量化的过程中，要考虑数据的可得性和模型的可操作性，需要对相关因素进行一定的简化与修正。

从第 2 章的理论分析可以看出，收入差距、财富分布和经济指标之间存在互为因果的关系，各个变量的决定方程之间也是相互关联的，一个方程的解释变量可能是另一个方程的被解释变量，变量之间是相互作用的系统性关系。为了体现

[1] 王小鲁，樊纲. 中国收入差距的走势和影响因素分析［J］. 经济研究，2005（10）：24–36.

各因素之间的这种复杂关系并保证估计结果的准确性，本文中适用的模型形式是联立方程模型。

联立方程的估计与单方程模型不同。联立方程模型的解释变量可能同时在其他方程中作为被解释变量，具有内生性，直接的 ols 估计可能影响估计结果的一致性，存在内生变量偏差（Endogeneity Bias）。联立方程的估计一般是将所有方程作为一个整体进行，最常见的是三阶段最小二乘估计方法[1]（Three Stage Least Square，3SLS）。3SLS 的做法大致如下：

第一阶段，以系统中的所有外生变量为工具变量，对每一个内生变量进行回归，分离出内生变量的外生部分；

第二阶段，使用此外生部分进行每个方程的回归；

第三阶段，根据前两步的估计，对整个系统的扰动项协方差矩阵进行估计，然后据此对整个系统进行 GLS 估计。

3SLS 估计既避免了内生性问题可能导致的一致性偏误，又考虑到不同方程的扰动项之间的联系，将所有方程作为一个整体进行系统估计，是比单方程估计更有效率的估计方法。

联立方程模型求解的前提是模型可识别，所以在设定模型形式时要考虑内生变量和外生变量的数量。本书的核心变量是收入差距和财富分布，二者是相互影响的。模型的内生变量为收入差距、财富分布以及它们的经济社会后果。理论分析中不平等的经济后果包括经济增长速度、消费率、投资增长，考虑到经济增长是宏观调控的最重要因素，消费和投资状况最终也会作用到经济的增长上，这里将不平等的经济后果简化为经济增长一项；社会后果即为社会稳定状况，也与收入和财富的分布差距有关。

---

[1] ZELLNER A, THEIL H. Three stage least squares: simultaneous estimate of simultaneous equations［J］. Econometrica, 1962, 30（1）:54–78.

最终，实证模型中包含四个内生变量，由四个方程组成，分别为收入差距方程、财富分布方程、经济增长方程和社会稳定方程，如式（4–1）所示。

$$\begin{cases} I_y = f(I_w, X) \\ I_w = g(I_y, X) \\ \text{growth} = h(I_y, I_w, X) \\ \text{stability} = l(I_y, I_w, X) \end{cases} \tag{4–1}$$

其中，X 为理论模型中列出的一系列相关经济变量，包括城市化水平、对外开放程度、金融市场发展、公共服务水平、再分配制度等。

4.2 模型变量和数据来源

4.2.1 模型变量选取

从理论模型到实证分析需要考虑相关因素的可测性、数据可得性和在样本间的变化情况。本文的实证数据是省级面板数据，年份跨度为 2010—2016 年，实证模型中涉及的变量应该在省份之间或者年份跨度之间有所变化。我国不同的省份在法律、制度、政策方面是基本一致的，不存在明显差异，而 2010—2016 年也未进行巨大的法律修改或者体制改革[1]。所以，可以认为模型中有关体制、制度的因素在样本间基本不存在差异，实质上是“恒量”而非“变量”，无法纳入计量模型进行数量关系的分析。实际回归中需要删去此类变量，包括影响收入差距程度的再分配制度和影响财富分布的体制因素、财产税制度。

[1] 期间重庆、上海曾试点开征房产税，但两地的政策侧重点和目的并不相同，其实施范围和涉及人群也有限，对房价的影响和对地方财政收入的贡献也不大，这里亦不作考虑。

实证模型的最终形式为

$$\begin{cases} I_y = \alpha_0 + \alpha_1 I_w + \alpha_2 \text{growth} + \alpha_3 \text{urban} + \alpha_4 \text{ fdi} + \alpha_5 \text{market} + \alpha_6 \text{edu} + \alpha_7 \text{road } + \varepsilon_1 \\ I_w = \beta_0 + \beta_1 I_y + \beta_2 \text{hprice} + \beta_3 \text{ finance} + \beta_4 \text{ inf lation} + \varepsilon_2 \\ \text{growth} = \gamma_0 + \gamma_1 I_y + \gamma_2 I_w + \gamma_3 \text{market} + \varepsilon_3 \\ \text{stability} = \lambda_0 + \lambda_1 I_y + \lambda_2 I_w + \lambda_3 \text{edu} + \varepsilon_4 \end{cases} \tag{4-2}$$

式（4–2）中，I_y 和 I_w 分别代表收入和财富的基尼系数。收入差距方程中，除财富基尼系数外，还包括了各省的经济增长速度（growth）、城镇化水平（urban）、经济对外开放程度（fdi）、市场化程度（market）及基础设施提供，包括教育水平（edu）和交通条件（road）作为解释变量。财富分布方程的解释变量包括收入基尼系数、房价水平（hprice）、金融市场发展水平（finance）和通货膨胀率（inflation）。经济增长方程以收入基尼系数、财富基尼系数和市场化程度作为解释变量；社会稳定（stability）方程的解释变量为收入、财富的基尼系数和地区教育水平，这里主要考察收入差距和财富分布的经济社会影响。

4.2.2　数据来源及说明

本章构建计量模型的指标均为宏观指标，数据来源包括 CFPS 微观家庭调查数据库、国家统计局、中国人民银行等，有的指标是直接获取，也有部分指标经过推算和计算获得。其中收入和财富的基尼系数指标是根据 CFPS 数据计算而来，得到 25 个省份 4 个调查年度的省际面板数据；经济增长指标为各省的年度环比 GDP 指数，社会稳定指标用地方财政的公共安全支出比重表示，这个比重越高，表示社会矛盾和冲突爆发越多，政府需要投入更多的精力和资金进行公共安全的维护。外生变量中大部分指标来自国家统计局公布的公共数据，城镇化程度用年末常住人口中城镇人口的比重表示，市场化程度用城镇就业人员中国有单位就业人员比重表示，地区经济的对外开放程度用FDI（外商直接投资）占GDP的比重表示，房价水平即为各地的商品房平均销售价格，通货膨胀率用各地的居民消费价格指数表示[1]。地区教育水平用地区人均受教育年限表示，由人口调查中各教育水平的人口比重推算而来；金融市场发展水平用持有风险资产家庭的比例表示，用CFPS家庭调查数据进行计算，家庭是否持有风险资产体现了居民的金融素养，更体现了金融产品的可得性和多样性，这个比例就越高，说明金融市场发展水平越高。表4–1列出了实证模型中各变量的符号、来源和计算方法。

表4–1 相关变量的符号和说明

项目	符号	指标	数据来源	计算方法和说明
收入差距	I_y	家庭收入基尼系数	CFPS微观家庭数据库	根据家庭年度总收入计算各省的基尼系数
财富分布	I_w	家庭财富基尼系数	CFPS微观家庭数据库	根据调查年度家庭净财富计算各省的基尼系数
经济增长	growth	GDP指数	国家统计局	上年=100的年度环比指数
社会稳定	stability	公共安全支出比重	国家统计局	地方财政支出中公共安全支出所占比重
城市化水平	urban	城镇人口占比（%）	国家统计局	2010年为当年人口普查推算数据，其余年份为年度1‰人口变动调查样本推算数据
对外开放程度	fdi	FDI在GDP中所占的比重（%）	国家统计局、中国人民银行	根据年度汇率将FDI换算为人民币表示，再计算占GDP的比重
市场化水平	market	国有单位就业人员占城镇就业人员的比重（%）	国家统计局	根据各省按注册类型分的城镇职工总工资和平均工资计算就业人数，然后计算国有单位就业人员占比

[1] 最能体现通货膨胀率的指标是货币发行量的增长率，但是货币是由中央银行统一发行的，不存在省际的差异，无法应用于本文的省级数据，这里选择CPI来表示。

续表

项目	符号	指标	数据来源	计算方法和说明
地区教育水平	edu	人均受教育年限（年）	国家统计局	根据各地按受教育程度分的人口数加权平均计算[1]。2010年为当年人口普查推算数据，其余年份为年度1‰人口变动调查样本推算数据
房价水平	hprice	商品房平均销售价格（千元 / 平方米）	国家统计局	将“元 / 平方米”换算为“千元 / 平方米”
金融市场发展	finance	家庭风险资产持有率（%）	CFPS 微观家庭数据库	计算各个年度各省样本家庭中持有风险资产家庭所占的比例。其中风险资产包括股票、基金、债券、金融衍生品和其他金融产品
通货膨胀率	inflation	居民消费价格指数	国家统计局	上年 =100 的年度环比指数

4.3　收入差距和财富分布关联性的实证分析

根据上文设定的具体模型形式和变量，本小节对联立方程模型进行实际估计，以给出变量间基本的数量关系，为后文的收入差距和财富分布评价及优化提供关系约束。

4.3.1　变量描述性统计

本书实证模型涉及的变量包括根据 CFPS 调查数据计算的省际家庭收入基尼系数、家庭净财富基尼系数，以及来自国家统计局等部门的省际宏观经济指标，如经济增长、社会稳定、城镇化率、市场化程度等。本小节首先对相关变量进行简单的描述性统计，如表 4–2 所示。

[1] 其中文盲人口的受教育年数为0，小学程度为6年，初中程度为9年，高中及中专程度为12年，大学本科、专科及以上学历为16年。

表 4–2　主要变量描述性统计

变量	样本量	均值	方差	最小值	最大值
I_y	100	0.477	0.049	0.353	0.599
I_w	100	0.567	0.064	0.426	0.760
growth	100	110.038	3.042	97.500	117.400
stability	100	5.588	0.968	3.770	9.150
urban	100	56.209	13.852	33.803	89.571
fdi	100	33.476	31.482	6.077	173.077
market	100	44.198	15.241	16.040	76.030
edu	100	8.695	1.170	6.237	12.304
hprice	100	6.636	4.332	3.042	27.497
finance	100	6.031	6.224	0.0208	29.308
inflation	100	109.458	2.739	103.400	116.100

实证模型所使用的数据包括 25 个省份、4 个年度共 100 个样本。由表 4–2 可以看出，样本之间在各个变量上都存在一定的差异，这一方面源于 2010—2016 年经济社会的发展，另一方面源于我国发展过程中巨大的地区差异。各省家庭总收入的基尼系数为 0.353 ~ 0.599，极差约为 0.250，而家庭净财富的基尼系数要整体高于收入，其取值变动范围也更大。其他相关变量从不同的角度反映了地区经济和社会的发展状况，也都存在不同程度的差异，体现了不同年份、不同地区间发展水平、发展模式的差异，也为计量模型的实际估计提供了可行性。

4.3.2　联立方程模型的实际估计

根据计算和获取的相关变量数据，本小节对式（4–2）表示的联立方程模型进行了实际估计，估计结果如表 4–3 所示，包括收入差距方程、财富分布方程、经济增长方程和社会稳定方程四个部分。

表 4-3　联立方程模型的实际估计结果

方程		模型（1）		模型（2）	
		系数	标准差	系数	标准差
收入差距方程	I_w	0.228***	0.067	0.221***	0.067
	growth	0.004**	0.002	0.003*	0.002
	urban	−0.003***	0.001	−0.003***	0.001
	fdi	0.001***	0.000	0.001***	0.000
	market	−0.001*	0.000	−0.001*	0.000
	edu	0.006	0.006	—	—
	_cons	0.078	0.238	0.231	0.188
	r^2	0.245	—	0.240	—
	chi2（p）	48.33	0.000	46.450	0.000
财富分布方程	I_y	0.414***	0.126	0.389**	0.124
	hprice	0.008***	0.002	0.008***	0.002
	finance	−0.003**	0.002	−0.004**	0.001
	inflation	−0.002	0.002	—	—
	_cons	0.576**	0.261	0.348***	0.062
	r^2	0.133	—	0.133	—
	chi2（p）	25.44	0.000	24.310	0.000
经济增长方程	I_y	14.425*	5.600	14.323**	5.600
	I_w	−13.214**	4.295	−12.519***	4.300
	market	0.074***	0.018	0.074***	0.018
	_cons	107.395***	3.389	107.018***	3.391
	r^2	0.178	—	0.180	—
	chi2（p）	35.090	0.000	34.390	0.000
社会稳定方程	I_y	−5.846**	1.875	−5.521***	1.876
	I_w	5.793***	1.409	5.735***	1.409
	edu	−0.136*	0.078	−0.134*	0.078
	_cons	6.269***	1.356	6.135***	1.356
	r^2	0.136	—	0.138	—
	chi2（p）	23.780	0.000	22.660	0.000
	obs	100	—	100	—

注：*、**、***分别表示在0.1、0.05、0.01的显著性水平下拒绝原假设。

模型（1）是对式（4-2）完整形式的估计，根据估计结果，收入差距方程中地区教育水平系数的标准差较大，系数的 Z 值约为 1，无法通过显著性检验。本书第 2 章的理论分析曾提到，整体教育水平的提高虽然有助于增加底层群体的人力资本存量和创造收入的能力，但也可能带来居民之间教育水平差距的拉大，反而导致收入差距的扩大。因此，可能是两种作用相互抵消导致模型（1）中地区教育水平对收入差距不存在显著影响。

财富分布方程中，通货膨胀水平对地区的财富分布状况也不存在显著影响，通货膨胀对财富分布的影响机制在于穷人倾向于持有更高比例的货币资产，从而在通货膨胀中遭受更多的贬值损失，导致财富积累的进一步分化。在我国近十多年的发展中，导致穷人遭受贬值损失、富人享受升值福利的最显然因素莫过于房价的迅速上涨，而住房又在居民家庭财富中占有非常重要的比重。本书表示通货膨胀率的居民消费价格指数对财富分布的影响可能已经淹没在房地产市场的巨大影响之下，无法得到体现。

经济增长方程中，收入基尼系数和财富基尼系数都是显著的解释变量，但是收入基尼系数对经济增长的影响为正，而财富基尼系数为负。也就是说，中国当前发展状态下，收入差距的拉大而是有助于提高效率、加快经济增长的速度，而财富分布的分化是不利于经济增长的。这一结果体现了财富分布和收入分配对生产效率和经济增长的不同作用，也说明财富分布是我国当前应该更加关注的问题。

社会稳定方程中，收入基尼系数和财富基尼系数的估计结果分别显著为负和显著为正，即收入差距的扩大会带来财政公共安全支出比重的降低，有利于社会的稳定，而财富分布的差距与之相反，会导致财政公共安全支出比重的提高。这一结果与经济增长方程的结果相呼应，进一步说明我国当前的收入差距并未到了真正不公平影响社会发展的程度，收入基尼系数的提高反而有助于提高效率、促进公平，财富分布的差距才是阻碍经济增长、社会稳定的症结所在。

去掉模型（1）中不显著的变量，即收入差距方程中的教育水平因素和财富分布方程中的通货膨胀因素后，本书重新进行了模型（2）的估计，表示为式（4–3）。该模型既解释了收入差距和财富分布的形成原因、经济社会后果，也体现了二者相互作用、相互影响的互动关系。

$$
\begin{cases}
\hat{I}_y = 0.231 + 0.221 I_w + 0.003\text{growth} - 0.003\text{urban} + 0.001\text{fdi} - 0.001\text{market} \\
\hat{I}_w = 0.348 + 0.389 I_y + 0.008\text{hprice} - 0.004\text{ finance} \\
\hat{\text{growth}} = 107.018 + 14.323 I_y - 12.519 I_w + 0.074\text{market} \\
\hat{\text{stability}} = 6.135 - 5.521 I_y + 5.735 I_w - 0.134\text{edu}
\end{cases}
\tag{4-3}
$$

4.4　收入差距和财富分布关联性的结果分析

4.4.1　收入差距和财富分化之间存在互相加强的作用关系

联立方程模型首先证明了收入差距与财富分化之间互相加强、互相推动的关系。收入差距方程中，家庭财富基尼系数对收入分布的作用系数为 0.221，家庭净财富的基尼系数每提高 0.100，会导致财产性收入差距的增加，进而作用于家庭总收入的基尼系数，带来收入基尼系数约 0.022 的提高。而收入差距对财富分布的推动作用会稍大一些，财富分布方程中，收入基尼系数的回归系数是 0.389，收入基尼系数 0.100 的提高会导致家庭净财富基尼系数提高约 0.039，这一方面源于消费剩余形成储蓄，造成财富积累的差异，另一方面也是财富升值、收益率的差距造成财富分布的进一步分化。

收入差距和财富分布本身存在互相加强的内在动力，如果放任其发展，可能形成二者相互推动的恶性循环，导致全社会贫富差距一步步加深，最终对经济增长和社会稳定造成负面冲击。所以在经济社会发展过程中，应该从制度、政策等方面及时遏制贫富差距的扩大，对收入和财富的分化及时进行调节和控制，保持收入差距和财富分布的恰当水平和良性循环。

4.4.2 收入差距的提高对经济增长和社会稳定都存在正向影响

就经济社会后果来讲，我国当前状态下收入差距的提高对经济增长和社会稳定都是有利的。经济增长方程中，收入基尼系数的回归系数为 14.323，家庭收入的基尼系数提高 0.100，对应地区的 GDP 增长率会提高 1.43 个百分点；而社会稳定方程中，收入基尼系数的回归系数为负，基尼系数提高 0.100，地区财政的公共安全支出会降低 0.55 个百分点，这意味着地方政府在解决社会矛盾、维护公共安全方面的压力减少，也体现了社会环境的稳定和社会矛盾的减少。

收入差距与经济增长和社会稳定的这种关系说明，就当期的收入分配状况和经济、社会发展程度来讲，收入差距程度是适宜的或者偏低的，经济社会的发展还可以容忍进一步的收入分化。社会生产过程中，个人的经验、能力、努力程度本身存在巨大差异，所处的行业和所从事的职业也各不相同，这些差异是收入分配差距的基础。市场化运行中收入水平的差异有利于将不同的人力资本配置到更恰当的位置，提升整体的生产效率。收入差距扩大对公共安全支出比重的负面影响也说明当前的收入分配状况并没有严重到激化社会矛盾的程度，收入的进一步分化反而是有助于加强市场竞争，有利于人们各司其职、共同发展的。

4.4.3 财富的分化的增加不利于经济增长，也容易增加社会矛盾

与收入差距相比，现阶段财富分化的经济社会后果显然更加负面。经济增长方程中，财富基尼系数的回归系数为负，家庭净财富基尼系数 0.1 的提高会带来地区 CDP 指数 1.25% 的降低，不利于地区经济增长；而社会稳定方程中，财富

基尼系数的回归系数为正，家庭净财富基尼系数每提高 0.1，地区财政的公共安全支出比重会增加 0.57 个百分点，地方政府会面临更大的公共安全压力，体现了社会矛盾一定程度的激化。

联立方程模型的回归结果说明财富分布的进一步分化对经济增长和社会稳定都存在负面影响，或者说在中国当前的发展阶段，财富分布的不平等程度过高。与收入分配的结果不平等相比，财富分布更多体现了源头的机会不平等，家庭财富水平的差距直接导致了基本的居住、生活水平以及人力资本投资的差距，造成阶层分割和难以跨越的门槛，近几年常见诸媒体的“阶层固化”话题就体现了财富分布差距带来的阶层对立和人们的焦虑感。

4.4.4 收入差距和财富分布的其他影响因素

收入、财富的分化和积累是在经济社会发展过程中逐渐发生的，与诸多经济变量相关。本书的联立方程模型中也包括了对收入差距、财富分布的形成具有影响作用的其他经济变量。

收入差距方程中可以看到，地区的城镇化水平、经济对外开放水平以及市场化水平都能够影响到收入分配的差距大小。城镇化水平较高的地区收入差距较小，常住人口中城镇人口比重增加 1 个百分点，整体的家庭收入基尼系数平均可以下降 0.003；经济对外开放程度较高的地区对应的收入差距也较大，FDI 占地区 GDP 的比重提高 1%，对应的收入基尼系数会增加 0.001；而地区经济的市场化程度与收入差距则是负相关关系，城镇就业人员中国有单位人员比重的提高能够降低收入差距。这些结论都与以往相关研究基本一致。

财富分布方程中，除收入差距外，其影响因素还包括地区房价水平和金融市场发展水平。房价水平与财富分布的差距是正相关的，地区的平均房价提高

1000元/平方米，财富基尼系数会相应提高0.008，住房作为中国居民家庭最重要的财富，其价值不断上涨的过程也是家庭财富持续分化的过程。对财富分布有显著影响的另一个因素是金融发展水平，或者说居民的金融素养，家庭持有风险资产比例较高的地区，其财富分布的分化程度是相对较低的。持有风险资产体现了家庭成员的理财意识和当地的金融发达程度，这一指标较高说明普通居民家庭拥有更多的投资选择，能够对资产进行更有效的配置，获得更高的收益率，从而减少由于收益率差距而带来的财富进一步分化。

4.5 本章小结

本章的主要内容是根据第2章的理论分析构建了各因素间的联立方程模型，并进行实证分析，验证了收入差距和财富分布之间的作用关系。本章的主要内容有以下几点。

1. 实证模型的构建

本章首先根据第2章的理论分析进行了实际模型的构建，包括数据的选择、模型形式的确定、模型相关因素的取舍以及具体变量的选择，将理论层面的分析落实到实证阶段，为数量关系的估计提供可能。本章最终选择用联立方程模型的形式表达收入差距、财富分布及其成因、后果之间的系统性关系，包括收入差距、财富分布、经济增长率、社会稳定指数四个内生变量和一系列相关的外生变量，用2010—2016年的省际面板数据来进行实际估计和测算。

2. 模型的实际估计

本章第2部分内容是对联立方程模型进行实证估计，估计过程中发现收入差距方程中的地区教育水平的正向作用和负向作用相互抵消，对收入基尼系数的影响不显著，财富分布方程中通货膨胀变量也无法通过显著性检验，所以在最终估计中去掉这两个变量，最终估计结果如式（4–3）所示。

3. 估计结果分析

联立方程模型的估计结果给出了变量之间的数量关系，也验证了变量之间的影响作用。

首先，实证模型验证了收入差距和财富分布之间相互加强的互动关系，二者互相的影响系数为正，如果放任其发展，会形成二者互相推动的恶性循环，造成贫富差距的一步步加深。

其次，本文的一个重要实证结果是目前的发展状态下，我国财富分布的差距过大，而收入差距实际上较低。因为从差距的后果来看，收入差距对经济增长和社会稳定的影响都是正向的，说明当前的收入分配状况并没有严重到激化社会矛盾的程度，收入的进一步分化反而是有助于加强市场竞争，促进经济发展的；而财富基尼系数提高对经济社会的影响都是负面的，财富分布的进一步分化不利于经济增长，也会加大地方政府的公共安全压力。

最后，地区的城镇化水平、市场化程度、经济对外开放程度等经济指标都对收入差距有一定的影响作用，而财富分布则主要受到房价增长、金融市场发展的影响。

第 5 章　收入差距和财富分布的关联模型构建与参数估计

第 4 章联立方程的实证结果验证了收入分配和财富分布之间的相互作用关系，但是二者究竟是如何发生作用、如何产生关联的，这很难用一个方程进行表达。本章试图从家庭层面收入与财富的互动关系出发，通过分组的方式把微观的家庭收入和财富信息与宏观的收入和财富分布信息连接起来，实现收入差距与财富分布关联模型的构建。此外，本章还借助 CFPS 家庭调查数据和相关宏观数据进行了该模型的参数估计，实现了从理论关系到具体数量关系的转换，为后文的优化模拟提供了变量间的数量关系。

5.1　收入差距和财富分布的关联模型构建

5.1.1　构建思想和基本框架

收入差距与财富分布之间的关联性和相互作用机制是非常复杂的，既有直接的收益、积累过程，也有通过消费决策、人力资本投资等路径的间接影响，二者的作用关系很难通过简单的线性关系体现出来。而收入差距与财富分布之间这种复杂的作用关系实际上是通过家庭的经济活动和消费决策自然而然形成的，从收入差距到财富分布的过程实际上是一个个家庭获取不同的收入并实现不同的财富积累的过程，从财富分布到收入差距亦如此。所以本书考虑将家庭行为与宏观的收入和财富分配连接起来，通过家庭层面收入与财富的互动作用来体现宏观层面收入差距与财富分布的关联关系。

本书收入差距和财富分布关联模型的构建思想是：通过详细刻画家庭层面收入与财富之间的作用关系来体现收入或财富分布变动时导致的不同家庭收入和财富的最终变化，从而体现收入差距与财富分布的关联性。家庭层面收入和财富之间的作用是由家庭特征和经济活动决定的，在不同家庭之间存在差异性，这种差异性也正是实现家庭收入与财富的相互作用到收入差距与财富分布的关联性转化的关键，本书对家庭层面收入与财富之间作用关系的详细刻画就在于体现这种差异性。具体来说，就是根据一定的特征把所有家庭的收入和财富信息进行分组简化（比如根据收入高低十等分、根据收入区间分组等），这些分组信息一方面可以估计不同家庭之间收入与财富作用关系的差异性，另一方面可以估计收入和财富整体的分布状况，这样就实现了“收入 - 财富”与“收入差距 - 财富分布”之间的联结，实现了通过不同家庭收入与财富的作用关系来刻画整体收入差距与财富分布程度的关联关系。分组的做法虽然一定程度上淡化了组内差距，但实现了家庭信息的简化，与从家庭角度的研究相比，分组分析更加具有现实意义。家庭角度的研究从理论角度讲计算量大，过于复杂；从实际角度讲收入分配政策对收入的调整也不可能细化到每一个家庭。

在这样的思想之下，收入差距与财富分布关联模型的基本框架可以用图 5-1 来表示。图 5-1 中，上方的虚线框表示家庭层面收入与财富的相互作用，分组条件下，各组收入与财富的相互影响系数不同，对各组进行收入调整所导致的财富水平变动也不同。通过分组收入对整体收入差距的估算就实现了家庭收入信息与宏观收入差距信息的联结，同样，通过分组财富对财富分布差距的估算也实现了家庭财富信息与宏观财富分布信息的联结，这样就得到下方虚线框中收入差距与财富分布的关联关系。在这一作用框架下，收入或者财富分布发生某种变化时，可以得到经过收入与财富的一系列相互作用后的收入差距与财富分布状况，通过微观家庭层面的作用实现二者的关联。

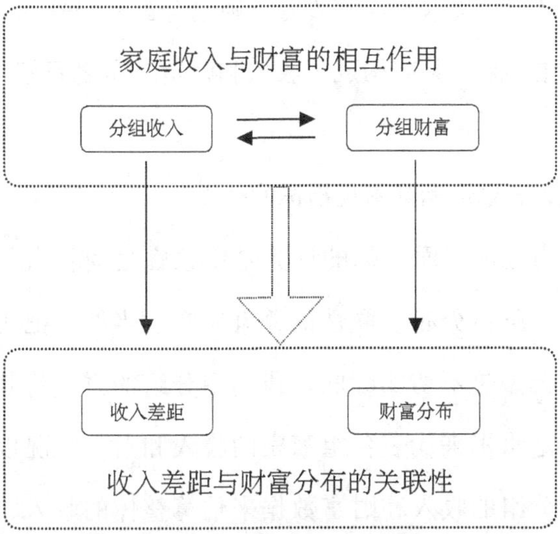

图 5–1 收入差距与财富分布关联模型的基本框架

对比图 2–1 和图 5–1 可以发现，本书所构建的收入差距与财富分布的关联模型实际上是把图 2–1 中收入差距和财富分布之间一系列直接和间接的作用机制用分组收入和分组财富之间的相互作用来体现。其中不同条件和特征下储蓄率、资产收益率、资源和人力资本投入以及劳动供给的差异对收入和财富分布的作用通过不同组之间收入和财富作用系数的差异来体现，用家庭收入和财富之间的一系列关系式来实现这种复杂的作用关系的线性表达，为收入差距和财富分布关联性的量化估计提供了可能。

5.1.2 收入差距和财富分布关联模型的主要内容

在通过不同家庭收入与财富的作用关系来刻画整体收入差距与财富分布程度的关联关系的框架之下，收入差距和财富分布的关联模型包含三个层次的内容：第一层次是收入和财富从家庭数据到分组数据，再到整体宏观指标的计算关系；第二层次是各组家庭收入与财富水平互相影响的联立方程；第三层次是宏观层面收入和财富平均水平与其收入和财富分配中公平和效率的关系。三个层次的内容组合在一起，共同构成了收入和财富分布之间相互联系、相互制约的作用系统。

1. 从分组收入、财富到其宏观指标的计算

从家庭数据到宏观层面指标的计算是用家庭之间收入与财富关系的差异来推演收入差距与财富分布关联性的关键所在。当然，把所有家庭的收入和财富状况都引入模型是不切实际的，我们用分组的方式将其简化，一方面用分组的收入和财富水平来代表各组家庭的收入和财富状况以及不同的作用关系，另一方面用分组的收入和财富数据来估算整体的收入、财富平均水平和分布状况。

（1）从家庭信息到分组信息，关键在于分组方式的选择。我们对家庭分组的目的是刻画出不同类型家庭中收入与财富的作用关系，进而推算各组收入变动带来收入差距的变化时，各组的财富水平会受到怎样的影响，整体的财富分布会发生怎样的变化。所以分组时第一要考虑各组之间收入与财富作用关系的差异性，第二要考虑分组结果之下收入差距调节政策的可行性。本书根据这些要求将所有家庭分为 10 组，根据分组结果可以得到各组收入和财富的平均水平。

（2）从分组的收入和财富信息到整体收入和财富水平以及分布状况，这涉及通过分组数据估算整体均值和不平等指数的方法。整体均值的计算是比较简单明确的，在十等分组的方式下，整体均值就是分组收入和财富的简单平均。分组收入和财富发生变化时，整体收入和财富的均值也随之变动。分组数据只能计算组间的不平等，估算整体的不平等指数需要对组内的不平等进行假设或估算。比如，分组数据计算基尼系数时假设各组内部样本的收入是等距分布的，计算泰尔指数时要假设各组内部的泰尔指数是不变的。本书将根据实际要求选择恰当的不平等指数。

2. 各组家庭中收入与财富的互动关系

本书收入差距与财富分布关联模型的思想是通过不同家庭收入与财富的作用关系来体现收入差距与财富分布之间各种直接、间接的影响路径，这就需要从家庭的层面来估计收入与财富的影响关系。从第 2 章的理论分析可知，家庭收入与财富的作用是相互的，家庭收入水平会影响财富的积累，财富的拥有也可能影响收入的获得，本书拟用联立方程来体现这种相互的作用关系，联立方程中包含两个方程：收入方程和财富方程，共同描述收入和财富在外生家庭特征、经济发展因素的共同作用下对彼此的影响关系。

由于家庭经济行为和决策的差异性，不同家庭之间收入与财富的互动关系也存在差异，这里基于家庭数据的联立方程估计所求的并非二者之间平均的影响系数，而是要求反映出不同家庭之间收入—财富作用关系的差异，所以对各组家庭分别进行估计，得到分组情况下每组家庭各自的影响系数。

3. 对收入、财富增长的影响

收入差距和财富分布调节中的一个核心问题是公平与效率的妥协，在既定的经济水平、生产能力之下，经济成果分配的过度公平很大程度会影响效率水平，具体到本书中就是收入、财富分布程度的缩小对其平均水平的约束。收入和财富分布的过大差距是对社会公平的损害，在发展过程中是应该缩小差距、促进社会公平的，但是公平与效率往往此消彼长，资源的集中往往有利于增加规模效应、提高生产效率，从而促进收入和财富水平的提高，而较低的不平等程度可能会对应较低的发展水平。这是发展过程中自然形成的收入、财富水平与差异性的关系，也是收入差距和财富分布调节中需要注意的约束关系。所以，收入差距与财富分布的关联模型中还应该考虑到公平与效率的这种约束，体现宏观层面指标之间的关联和约束。当然，收入差距和财富分布只是影响平均收入、财富水平的一个因素，关系式中还应该考虑其他经济因素的作用。

综上，收入差距与财富分布的关联模型如图 5–2 所示，其中既包含收入分配与财富分布的作用关系，也体现了收入、财富分布的均等性和整体水平增长之间的冲突。在这个框架之下，可以通过收入的调整实现财富分布的优化，既保证不平等程度在可接受范围之内，也要保证收入和财富整体水平，寻求收入与财富的合理分布。

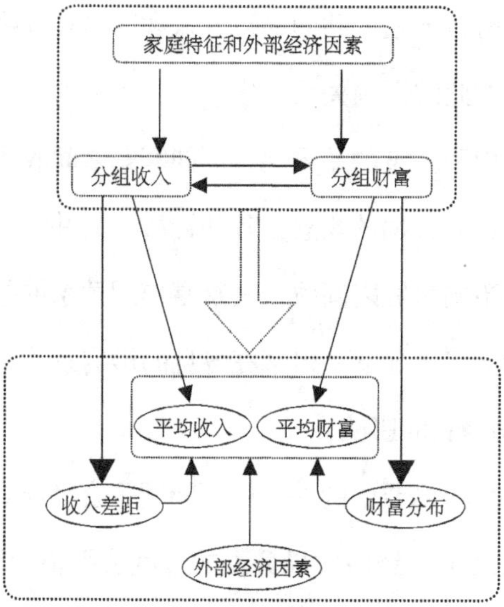

图 5–2　收入差距与财富分布关联模型图示

5.1.3　收入差距和财富分布关联模型的逻辑表达式

收入差距与财富分布的关联模型的主要内容勾画了收入、财富及其分布状况之间的均衡关系，也体现了收入差距和财富分布调节中公平与效率的制约以及外部影响因素的影响，这一关联模型的逻辑表达式为

$$\begin{cases}(1):I_y=h(y_1,y_2,\cdots,y_{10})\\(2):\bar{y}=g(y_1,y_2,\cdots,y_{10})\\(3):I_w=h(w_1,w_2,\cdots,w_{10})\\(4):\bar{w}=g(w_1,w_2,\cdots,w_{10})\\(5)\sim(14):w_i=f_1(y_i,X)\ \ (i=1,2,\cdots,10)\\(15)\sim(24):y_i=f_2(w_i,X)\ \ (i=1,2,\cdots,10)\\(25):\bar{y}=f_4(I_y,I_w,X)\\(26):\bar{w}=f_5(I_y,I_w,X)\end{cases}\tag{5-1}$$

其中，$y_1,y_2,\cdots,y_{10}$ 分别表示按收入水平进行排序和分组后各组的平均收入，$w_1,w_2,\cdots,w_{10}$ 分别表示各组的平均财富水平，X 代表一系列控制变量。收入差距与财富分布的关联模型共包含 26 个关系式，其中式（1）~式（4）是第一层次的计算式，根据分组结果建立各组平均收入和财富与整体均值 $\bar{y}$、$\bar{w}$ 和不平等指标 I_y、I_w 的联结。式（5）~式（24）是第二层次的内容，即家庭收入与财富的互动关系，用各组平均收入水平和财富水平之间的联立关系式来表示，包括 10 组家庭收入对财富、财富对收入共 20 个关系式；每组家庭对应的关系式中影响系数各不相同，这样各组收入的变化会引起对应财富水平的不同变动，进而带来财富分布的变化，因此这一系列方程可以体现收入差距与财富分布的关联关系。式（25）和式（26）是第三层次的内容，即宏观层面不平等程度与平均收入和财富的关系，也是发展过程中公平与效率的关系。

从式（5–1）可以看出，这个关联模型的基本变量就是对样本进行分组后各组的平均收入、储蓄和财富，每一组的收入、储蓄和财富之间存在相互影响的作用关系，各组的收入、财富又构成了整体的均值和不平等指数，模型中各组的收入、储蓄或者财富变动能够传导到整体体系，起到牵一发而动全身的作用。式（5–1）中各关系式与图 5–2 所表示的收入差距与财富分布关联模型之间的对应关系如图 5–3 所示。

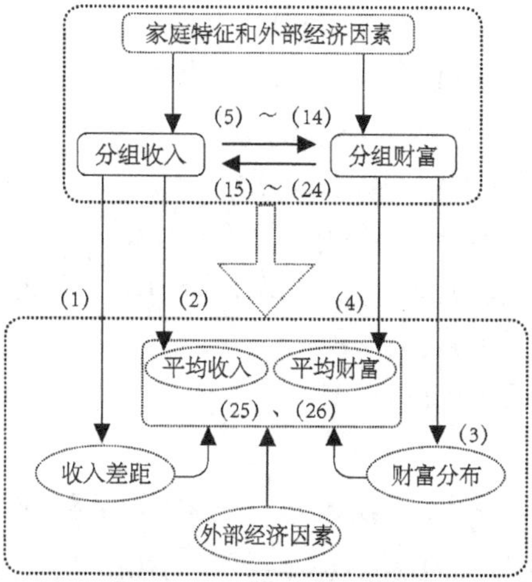

图 5–3　关联模型图示与逻辑表达式之间的对应关系

从逻辑表达式到具体的数学表达式，还需要一系列的数学方法。第一层次的计算首先根据收入水平对家庭样本进行了分组，然后根据分组的均值和家庭比重计算不平等指数和整体均值，这里要求在不进行重新排序和分组的情况下根据各组均值计算整体的不平等指数。第二层次和第三层次的影响关系需要借助计量方法根据实际数据进行估计，得到他们之间具体的数量关系。其中第二层次收入对财富的影响可以基于家庭数据进行分组估计，获得各组样本下收入对财富的影响系数；第三层次中收入差距和财富分布以及平均收入、财富水平都是宏观层面的因素，可以根据宏观数据构建模型进行估计。通过计量方法的估计得到第二层次、第三层次的影响关系的具体数学函数表达后，就实现了收入差距和财富分布关联模型中各要素之间的数学均衡关系式。其中任何一个因素受到外部冲击，都会根据这种均衡关系传导到整个系统，在各因素的相互作用中实现新的均衡状态。

本章的剩余内容将对收入差距和财富分布关联模型从逻辑表达式到具体数学表达式的量化方法进行介绍，并通过实际数据的计算和估计给出各因素之间具体的数学函数关系。

5.2　从分组数据到整体均值、不平等指数的计算

本小节是对式（5–1）中式（1）~ 式（4）的量化，即根据分组均值计算整体的收入、财富均值和不平等指数。上文已经提到，本书按照收入水平将所有家庭等分为 10 组，根据分组结果，可以得到各组收入和财富的平均水平。本小节的主要内容是在分组数据条件下进行收入差距和财富分布指数的计算。不平等指数的计算需要考虑指标的选择和计算的可行性，鉴于泰尔指数良好的可分解性，本书选择用泰尔指数来表示收入和财富的分布状况，并推导了用分组数据计算整体泰尔指数的公式。

5.2.1　分组方式的选择

我们对家庭分组的目的是刻画出不同类型家庭中收入与财富作用关系，进而推算各组收入变动带来收入差距调整时，各组的财富水平会受到怎样的影响，整体财富分布水平发生怎样的变化。所以分组时第一要考虑各组之间收入与财富作用关系的差异性，在分组条件下，各组家庭收入对财富、财富对收入的影响关系应该是有所不同的；第二要考虑收入差距调节政策的可行性，即在分组结果之下

应该能够实现对各组收入水平的调节。

综合以上考虑，本书按照收入水平进行家庭的分组。首先将所有家庭根据收入水平的高低进行排序，据此将所有家庭等分为10组，根据分组结果可以得到各组收入和财富的平均水平。根据收入水平分组的优点在于：

（1）家庭的消费决策和储蓄率与收入水平是密切相关的，不同收入区间的家庭在收入对财富的影响关系上可能存在很大不同，财富对收入的影响亦是如此。

（2）根据收入水平的分组更能够体现本书的研究目的——通过收入调节实现财富分布的优化，收入调节政策大多是根据不同的收入水平进行收入的刺激或限制手段（如所得税制度），所以这种分组制度更便于根据财富分布目标制定相应的收入调节政策。

5.2.2 分组数据条件下泰尔指数的计算方法

1. 泰尔指数的选择

在不平等的测度中，基尼系数是应用最广泛的指标，它具有含义明确、经济意义强的优点，并且有一套受到广泛认可的评价标准。基尼系数是根据洛伦兹曲线得来的，其计算需要对所有样本数据进行从低到高的排序，根据累计收入和累计人口计算洛伦兹曲线与平均分布的累积收入曲线之间的距离。一些学者也推导了在分组数据基础上进行基尼系数计算的简化公式，如张建华[1]、胡祖光[2]等，其思想都是用各组累计收入比重构造的多个直角梯形来近似将洛伦兹曲线下面的面积，并计算最终的基尼系数。根据收入排序将样本等分为10组，每组均值用y_k

[1] 张建华. 一种简便易用的基尼系数计算方法［J］. 山西农业大学学报（社会科学版），2007，6（3）：275-278.

[2] 胡祖光. 基尼系数理论最佳值及其简易计算公式研究［J］. 经济研究，2004（9）：60-69.

表示，则基尼系数的简化计算式可以表示为

$$\text{gini}(y)=1-\left[\sum_{k=1}^{K}\sum_{m=1}^{k}y_m \Big/ (5\times\sum_{k=1}^{K}y_k)+0.1\right] \tag{5-2}$$

基尼系数的计算是依赖于累计人口和累计收入比重的，也就是说需要根据收入或者财富水平对样本进行排序，分组数据中必须保证前一组的最大值小于后一组的最小值。这样，本书中用分组数据来计算基尼系数就存在两个问题：第一，收入和财富的基尼系数必须分别根据收入和财富水平进行分组，两种分组形式下各组的样本是无法对应的，也就无法从家庭层面收入对财富的影响引申到分组收入均值对对应组平均财富的影响；第二，进行收入分配或者财富分布的调整后，由于各组的调节幅度不同，各组样本无法再保证严格的单调，低收入组某些样本可能已经超过原来高收入组的某些样本，如果再按照原始分组计算基尼系数，则会存在对不平等程度的严重低估。所以，本书的关联模型和优化模型构建中不能使用基尼系数作为收入和财富差距的度量指标。

基尼系数不可用的核心原因就是排序问题，它每一次的计算都必须建立在对所有样本重新排序的基础上。而不平等指数的另一个常见指标——泰尔指数可以克服这一弱点。

泰尔指数表示不平等的思想是计算收入比重与人口比重的总距离，在完全平均分配的极端状态下，每个个体的收入比重都应该是 $1/n$，每组的收入比重都应该与其人口比重相等，泰尔指数为零。泰尔指数的理论取值范围是 $0\sim\ln n$，取值越大，说明不平等程度越高。

泰尔指数的基本公式为

$$T=\sum_{i=1}^{n}Y_i\ln\frac{Y_i}{N_i} \tag{5-3}$$

其中，Y_i 和 N_i 分别表示第 i 个样本或者第 i 组的收入比重和人口比重。对于样本

量为 n 的家户数据，用 y_i 表示第 i 户的收入，用 $\bar{y}$ 表示平均收入，则泰尔指数的计算公式为

$$T=\sum_{i=1}^{n}\frac{y_i}{n\bar{y}}\ln\frac{y_i}{\bar{y}} \tag{5-4}$$

如果将家户数据分为 K 组，各组的人数或者家庭数和组平均收入分别用 n_k 和 y_k 表示，则组间的泰尔指数可以表示为

$$T=\sum_{k=1}^{K}\frac{n_k}{n}\frac{y_k}{\bar{y}}\ln\frac{y_k}{\bar{y}} \tag{5-5}$$

泰尔指数一个最大的优势就是具备在人群间的可分解性[1]，可以根据样本的任何分组方式分解为组内差异和组间差异，不需要进行收入水平或者财富水平的排序。泰尔指数的基本分解公式可以表示为

$$\begin{aligned}T&=T_{\text{within}}+T_{\text{between}}\\&=\sum_{k=1}^{K}[Y_kT_k]+\sum_{k=1}^{K}\left[\frac{n_k}{n}\frac{y_k}{\bar{y}}\ln\frac{y_k}{\bar{y}}\right]\\&=\sum_{k=1}^{K}\left[\frac{n_k}{n}\frac{y_k}{\bar{y}}\left(\sum_{i=1}^{n_k}\frac{y_i}{n_k y_k}\ln\frac{y_i}{y_k}\right)\right]+\sum_{k=1}^{K}\left[\frac{n_k}{n}\frac{y_k}{\bar{y}}\ln\frac{y_k}{\bar{y}}\right]\end{aligned} \tag{5-6}$$

其中，组内差异是各子样本内部泰尔指数根据收入比重加权的均值，组间差异是各子样本均值之间的泰尔指数。在本书的模型构建中，根据收入水平对样本家庭分组后，就可以将收入和财富的总体泰尔指数分解为组内差异和组间差异，对各组的平均收入和财富水平进行调整后，可以重新计算组间的差异，并得到调整后的收入和财富泰尔指数，实现分组数据与整体收入和财富分布差距的联结。

2. 组内泰尔指数的外生性假定

本书用泰尔指数表示收入差距和财富分布的一个重要假设是对某一组样本收

---

[1] SHORROCKS A F. Inequality Decomposition by Population Subgroups [J]. Econometrica, 1984, 52 (6) :1369−1385.

入或者财富进行同样水平的调整后，其组内泰尔指数是不变的。也就是说，假定各组的组内泰尔指数是外生的，收入分配政策对各组收入和财富的调整仅仅影响组间泰尔指数，如果对各组人数比重进行调整的话，也仅仅影响各组泰尔指数的加权和，即整体收入或者财富差距的组内部分，但不考虑各组内部差异的变化。

根据泰尔指数计算的理论公式，第 k 组的组内泰尔指数可以表示为

$$T_{\text{within}}=\sum_{i=1}^{n}\frac{y_i}{n_k y_k}\ln\frac{y_i}{y_k} \tag{5-7}$$

对所有样本的收入进行一定比例的调整时，y_i 和 y_k 是同比例变动的，$\frac{y_i}{y_k}$ 保持不变，泰尔指数不会变动。例如，将某组家庭的收入整体提高 $p\%$，则该组的平均收入也会有 $p\%$ 的提高，调整后的组内泰尔指数为

$$T'_{\text{within}}=\sum_{i=1}^{n}\frac{(1+p\%)\ y_i}{n(1+p\%)y_k}\ln\frac{(1+p\%)\ y_i}{(1+p\%)\ y_k}=\sum_{i=1}^{n}\frac{y_i}{n\bar{y}}\ln\frac{y_i}{y_k} \tag{5-8}$$

调整前后组内的泰尔指数完全相等，不平等程度不存在差异。但是对每个家庭的收入水平进行绝对值调整时，不同样本及均值变动的比例是存在差异的，这就导致泰尔指数会存在一定幅度的变动。例如，如果某项收入调整政策之下某一组中所有样本的收入均增加 x，则该组平均收入也相应增加 x，对于 $y_i<y_k$ 的样本来说，$\frac{y_i+x}{y_k+x}>\frac{y_i}{y_k}$，而对于 $y_i>y_k$ 的样本来说，$\frac{y_i+x}{y_k+x}<\frac{y_i}{y_k}$，泰尔指数的计算公式中有的样本 $\frac{y_i}{y_k}\ln\frac{y_i}{y_k}$ 变大，而有的样本 $\frac{y_i}{y_k}\ln\frac{y_i}{y_k}$ 变小，组内的泰尔指数与调整前不一定一致。

为了保证组内泰尔指数的外生性，本书中对各组收入和财富的调整都是根据调整前后的比例进行整体同比例增加或减少，调整前后每一组组内的收入和财富泰尔指数是保持不变的。

5.2.3 均值、泰尔指数的具体计算

综上，在既定分组且组内泰尔指数已知的情况下，可以根据各组的平均收入和人口比重计算整体的泰尔指数，财富亦然。那么本书根据家庭收入水平将所有样本分为十组，每组家庭数所占比例为 $p_1, p_2, \cdots, p_{10}$ ，各组的平均收入和平均财富水平分别为 $y_1, y_2, \cdots, y_{10}$ 和 $w_1, w_2, \cdots, w_{10}$ 时，可以得到总体收入和财富的均值和泰尔指数为

$$\begin{cases} \overline{y} = \sum_{i=1}^{10} y_i p_i \\ y_{\text{theil}} = \sum_{i=1}^{10} \frac{y_i p_i}{\overline{y}} T_i^y + \sum_{i=1}^{10} \frac{y_i p_i}{\overline{y}} \ln \frac{y_i}{\overline{y}} \\ \overline{w} = \sum_{i=1}^{10} w_i p_i \\ w_{\text{theil}} = \sum_{i=1}^{10} \frac{w_i p_i}{\overline{w}} T_i^w + \sum_{i=1}^{10} \frac{w_i p_i}{\overline{w}} \ln \frac{w_i}{\overline{w}} \end{cases} \tag{5-9}$$

其中，T_i^y 和 T_i^w 分别表示收入和财富的组内泰尔指数，i=1，2，…，10。在分组既定的情况下 T_i^y 、T_i^w 和 p_i 都是固定不变的，收入和财富的均值、泰尔指数随分组收入、财富水平的变动而变动。

本书的实证数据是 CFPS 2010—2016 年的调查数据，考虑到负值无法计算泰尔指数，在计算之前去掉了各年份调查中财富水平为负的样本家庭（为 2% ~ 3%），并对家庭收入和财富数据缺失和异常的样本进行了剔除，包括收入或财富水平异常、不同年份间财富变化异常的家庭。考虑到通货膨胀和价格水平的变化，为了保证不同年份之间家庭收入和财富水平的可比性，本书对家庭收入和家庭净财富进行了价格平减。本书所使用的平减指数是居民消费价格指数，将

四个年份的收入和财富水平都用 2016 年价格表示。居民消费价格指数环比定基的转换如表 5-1 所示。

表 5-1　居民消费价格指数环比定基的转换

CPI	2010 年	2011 年	2012 年	2013 年	2014 年	2015 年	2016 年
CPI（上年 =100）	—	105.4	102.6	102.6	102	101.4	102
CPI（2016=100）	85.433	90.047	92.388	94.79	96.686	98.039	100

最终本书 2010 年、2012 年、2014 年和 2016 年使用的样本分别为 12088 户、11392 户、11826 户和 12592 户，然后根据收入水平从低到高分别将每个年度的样本家庭进行十等分组，在等分的情况下 p_i=0.1，根据收入和财富的各组均值和组内泰尔指数，计算得到各年份的平均收入、平均财富及泰尔指数如表 5-2 所示，四个年度各组收入和财富的平均水平、组内泰尔指数如表 5-3 和表 5-4 所示。

表 5-2　各年份收入和财富均值、泰尔指数计算结果

项目	2010 年	2012 年	2014 年	2016 年
平均收入（元）	39145	50917	57724	76116
平均财富（元）	349867	395989	450301	578353
收入泰尔指数	0.50502	0.50375	0.62607	0.66528
财富泰尔指数	1.01318	0.88501	0.84617	1.05465

表 5-3　各年份分组平均收入和财富水平　单位：元

组别	家庭收入水平				家庭财富水平			
	2010 年	2012 年	2014 年	2016 年	2010 年	2012 年	2014 年	2016 年
1 组	3047	2306	2551	5809	100343	140424	160838	106965
2 组	8152	8340	9226	16222	118197	163302	187322	187564
3 组	12995	16322	18443	26263	147205	204067	227605	185368
4 组	17697	23880	27092	34535	176106	274831	224015	278738
5 组	23221	31427	35427	44467	225765	287368	301694	276422
6 组	29240	40317	44842	54634	219515	292399	337502	377995
7 组	36803	50712	55753	66983	291021	383568	326681	518126

续表

组别	家庭收入水平				家庭财富水平			
	2010 年	2012 年	2014 年	2016 年	2010 年	2012 年	2014 年	2016 年
8 组	47890	64674	69382	85047	375559	432670	568628	650031
9 组	65987	86676	92011	111456	603554	552356	663729	934733
10 组	146387	184514	222394	315528	1241152	1228930	1504207	2266114

表 5–4　各年份家庭收入和财富的组内泰尔指数　　单位：元

组别	家庭收入				家庭财富			
	2010 年	2012 年	2014 年	2016 年	2010 年	2012 年	2014 年	2016 年
1 组	0.1655	0.2019	0.1867	0.1279	0.9906	0.7349	0.8478	0.7644
2 组	0.0156	0.0346	0.0326	0.0227	0.8593	0.6664	0.7574	0.5545
3 组	0.0047	0.0110	0.0110	0.0077	0.7467	0.5551	0.5626	0.5219
4 组	0.0035	0.0035	0.0049	0.0046	0.6848	0.6255	0.5957	0.6400
5 组	0.0022	0.0026	0.0030	0.0035	0.7153	0.7157	0.6628	0.5383
6 组	0.0021	0.0024	0.0023	0.0026	0.5833	0.5414	0.5190	0.4822
7 组	0.0021	0.0022	0.0023	0.0025	0.5659	0.6908	0.4444	0.5494
8 组	0.0034	0.0027	0.0024	0.0028	0.6135	0.6133	0.5523	0.6535
9 组	0.0053	0.0047	0.0047	0.0048	0.8467	0.6048	0.5125	0.6462
10 组	0.2109	0.2123	0.4521	0.4706	0.6090	0.7225	0.5710	0.7081

5.3　家庭层面收入与财富的面板联立方程模型

式（5-1）中式（5）~式（24）所代表的一系列方程要解决的是各组家庭收入与财富之间的相互影响，本节拟通过对收入和财富水平进行家庭层面的分段回归来对这种关系进行估计，分别估计不同收入水平之下收入、财富之间的系数。

5.3.1　模型设定和估计方法设计

1. 联立方程模型设定

第 2 章的分析已经指出，家庭收入与财富之间是互相作用的系统性关系，是互为因果的，本书中适用的模型形式是联立方程模型，模型中包含两个方程，形式为

$$\begin{cases} w_i = \alpha y_i + X_i'\delta + \varepsilon_{1i} \\ y_i = \beta w_i + X_i'\delta + \varepsilon_{2i} \end{cases} \tag{5-10}$$

这里的联立方程模型是家庭层面的回归，其中 w_i 和 y_i 分别表示家庭 i 的财富和收入水平，X_i 表示一系列控制变量，包括家庭特征和经济因素。

联立方程的估计与单方程模型不同，其解释变量可能同时在其他方程中作为被解释变量，具有内生性，直接的 OLS 估计可能影响估计结果的一致性，存在内生变量偏差（Endogeneity Bias）。联立方程的估计一般是将所有方程作为一个整体进行充分考虑各方程之间的联系，最常见的是三阶段最小二乘估计方法[1]（Three Stage Least Square，3SLS）。3SLS 估计既避免了内生性问题可能导致的一致性偏误，又考虑到不同方程的扰动项之间的联系，将所有方程作为一个整体进行系统估计，是比单方程估计更有效率的估计方法。3SLS 方法的缺陷在于如果一个方程估计不准确，可能影响整体系统的估计结果，所以后文的实证估计中同时进行了 2SLS 估计作为参照。

2. 分组系数的估计方法设计

对于家庭收入与财富间的影响关系，我们关注的不仅是平均水平的影响系

[1] ZELLNER A, THEIL H. Three stage least squares: simultaneous estimate of simultaneous equations［J］. Econometrica, 1962, 30（1）:54–78.

数，还包括在不同家庭中这种影响的差异性，具体来讲就是分组情况下各组的回归系数。在不同的收入水平之下，家庭财富的积累以及财富对收入的反作用是存在一定差异的，所以对各组变量分别估计其系数比进行整体估计能够更加准确地刻画家庭财富与收入之间的影响关系。基于这种差异性，就需要进行分组样本的回归。

考虑到分组系数之间的可比性，我们选择分段回归的方式来刻画这种差异性。所谓分段回归，就是设置虚拟变量来代表解释变量 X 所处区间，当 X 达到某一水平值之前，与被解释变量之间存在某种线性关系，达到某一水平值之后，这种关系就会发生变化。

本书中，我们根据收入水平从低到高的排序将每个年份的样本家庭等分为10组，设定一组虚拟变量 $D^1, D^2, \cdots, D^{10}$ 分别代表各组样本，即

$$D_i^j = \begin{cases} 1, \text{若家庭} i \text{属于第} j \text{ 组;} \\ 0, \text{其他。} \end{cases} \tag{5-11}$$

为了得到每组样本各自的系数估计，我们生成解释变量与虚拟变量的交互项，以乘法的形式将这些虚拟变量加入联立方程中，模型形式可以简写为

$$\begin{cases} w_i = \sum_{j=1}^{10} \alpha^j y_i \times D_i^j + X_i'\delta + \varepsilon_{1i} \\ y_i = \sum_{j=1}^{10} \beta^j w_i \times D_i^j + X_i'\delta + \varepsilon_{2i} \end{cases} \tag{5-12}$$

对于分组结果属于第 j 组的家庭 i 来讲，$D_i^j = 1$，$D_i^l = 0\,(l \neq j)$，此时该家庭收入、储蓄与财富之间的关系为

$$\begin{cases} w_i = \alpha^j y_i + X_i'\delta + \varepsilon_{1i} \\ y_i = \beta^j w_i + X_i'\delta + \varepsilon_{2i} \end{cases} \tag{5-13}$$

由总体模型的估计可以得到收入与财富之间 10 组回归系数，分别代表十等分组下各组样本收入与财富之间的影响关系，家庭收入与财富的相互影响因所属组别不同而不同，比整体平均水平的估计更加准确。与直接的分组回归相比，分段回归的优势在于假设每段回归模型的误差项服从同一分布，保证了各组之间系数的可比性。估计过程中根据实际状况可以对控制变量中的部分家庭特征和宏观经济因素也进行分段回归，详细刻画出各因素对不同收入水平样本影响的差异性。

需要说明的是，家庭收入和财富是联立方程中的内生变量，为了实现分段回归，模型中分别引入了收入和财富变量与分组虚拟变量的交互项，那么这些交互项在模型中也是内生的，应该作为内生变量来估计。在进行联立方程的 3SLS 估计时应该把它们设定为内生变量，分别用所有外生变量进行第一阶段的回归分离出其外生部分来进行系数的估计。

3. 面板数据的个体效应处理

家庭的收入、财富与储蓄水平除了存在相互的密切关联外，还受到诸多家庭特征的影响，如家庭消费观念、生活习惯、投资决策、财产继承情况以及教育、医疗等经济负担等，理论上应该将这些家庭特征尽量纳入模型中，增加模型的解释力。然而在家庭层面的微观计量分析中，很多对被解释变量存在影响的个体特征是不可观察或者难以度量的，这些难以纳入计量模型的因素构成了模型的个体异质性。在获取面板数据的条件下，可以通过个体效应模型的估计来控制不可观测的个体异质性，提高估计的有效性。个体效应模型的一般表达式为

$$y_{it} = x_{it}'\beta + u_i + \varepsilon_{it} \quad (i=1,2,\cdots,n; t=1,2,\cdots,T) \qquad (5\text{-}14)$$

其中，ε_{it} 为随时间和个体改变的模型扰动项，$\varepsilon_{it} \sim N(0,\sigma^2)$。$u_i$ 表示对特定家庭 i 而言不随时间改变的财富影响因素，即“个体效应”。

面板模型中的个体效应有固定效应（Fixed Effect，FE）和随机效应（Random Effect，RE）两种处理方式，面板模型的估计之前应该进行个体效应形式的检验。

本书分别对式（5–12）中的收入方程和财富方程进行面板数据的单方程估计和 Hausman 检验，结果显示收入和财富的影响关系中个体效应均为固定效应形式。

在固定效应形式下，个体效应可以看作截距项的一部分，通过差分去掉个体效应后进行 OLS 估计的结果与固定效应的面板模型完全一致。所以，面板联立方程模型也可以通过差分去掉个体效应再进行 3SLS 方法的估计。将式（5–14）等号两边同时对时间取平均，可得

$$\overline{y}_i = \overline{x}_i'\beta + u_i + \overline{\varepsilon}_i \tag{5–15}$$

用式（5–14）减去式（5–15）可得原模型的离差形式为

$$y_{it} - \overline{y}_i = (x_{it}' - \overline{x}_i')\beta + (\varepsilon_{it} - \overline{\varepsilon}_i) \tag{5–16}$$

变量的离差形式之间的回归实现了个体效应 u_i 的消除，可以对系数 β 进行估计。所以，面板联立方程的估计可以先对所有变量进行中心化处理，再用 3SLS 估计方法进行联立方程模型的求解。

定义，$\tilde{y}_{it}=y_{it}-\overline{y}_i$，$\tilde{w}_{it}=w_{it}-\overline{w}_i$，$\tilde{X}_{it}=X_{it}-\overline{X}_{it}$，$\tilde{\varepsilon}_{1it}=\varepsilon_{1it}-\overline{\varepsilon}_{1i}$，$\tilde{\varepsilon}_{2it}=\varepsilon_{2it}-\overline{\varepsilon}_{2i}$，$\tilde{y}_{it}^j=y_{it}\times D_{it}^{\ j}-\frac{1}{T}\sum_{t=1}^{T}y_{it}\times D_{it}^{\ j}$，$\tilde{w}_{it}^j=w_{it}\times D_{it}^{\ j}-\frac{1}{T}\sum_{t=1}^{T}w_{it}\times D_{it}^{\ j}$ 则去除个体效应的面板联立方程模型形式为

$$\begin{cases} \tilde{w}_{it} = \sum_{j=1}^{10}\alpha^j \tilde{y}_{it}^j + \tilde{X}_{it}'\delta + \tilde{\varepsilon}_{1it} \\ \tilde{y}_{it} = \sum_{j=1}^{10}\beta^j \tilde{w}_{it}^j + \tilde{X}_{it}'\delta + \tilde{\varepsilon}_{2it} \end{cases} \tag{5–17}$$

5.3.2　变量选择和描述性统计

1. 模型变量选择和数据说明

上文的分析给出了家庭收入与财富之间面板联立方程的基本形式，为了增加模型的解释力度，同时保证联立方程模型的可识别，还需要在模型中加入影响家庭收入、储蓄、财富的其他解释变量，包括微观层面的家庭特征和宏观层面的经济指标。本书的面板联立方程模型已经通过取离差去掉了个体效应，也就是不随时间改变的家庭特征，所以控制变量的选择中家庭特征主要是指会随时间发生变化的特点。

收入方程：获取收入是受家庭特征和宏观经济因素影响较大的指标，本书在收入方程中加入的控制变量包括：①年龄因素，收入水平具有强烈的生命周期效应，存在随年龄变化的规律；②家庭文化程度，收入随文化程度的增长体现了要素投入的回报；③地区经济水平，宏观层面地区经济的发展是家庭获得收入的基本条件，家庭收入与地区经济水平密切相关；④地区平均教育水平，教育水平体现了政府的教育投入和劳动者素质，也是收入水平的一个影响因素；⑤城市化率，城市化的发展提供了大量的就业机会和工作岗位，对家庭收入水平也存在一定的影响。

财富方程：家庭财富水平受到较多家庭特征的影响，这里考虑：①家庭规模，财富是以家庭为单位进行积累的，较大的家庭规模一般具有更强的积累需求和动机；②家庭文化程度，文化程度体现了家庭成员对未来的规划以及理财能力，影响着家庭的财富水平；③年龄因素，家庭财富水平也具有一定的生命周期效应，随着家庭成员年龄的增长有着从无到有积累，再从多到少消耗的过程；④房价水平，住房是我国居民家庭财富中最重要的内容，占比超过 60%，家庭财富往往是随着地区房价的增长而水涨船高的。

模型中家庭层面的变量包括家庭收入、财富、家庭规模以及家庭的年龄和文化水平。在以家庭为单位的微观计量研究中，很多研究对控制变量的选择是从户主的个人特征出发，以户主特征来代表家庭特征。这里的“户主”一般指家庭户籍中所登记的户主或者家庭的“主事者”“财务回答人”“主要经济来源人”等概念。CFPS 各年份的调查中并没有统一的“户主”概念，且本书所研究的家庭收入、财富水平和储蓄决策更多地与家庭的整体特征相关，比如家庭的经济负担、社会地位、文化水平，并非“户主”的个人特征能够代表。所以本书选择家庭整体特征来选择家庭层面的控制变量。

本书采用省际的经济指标来表示模型中的宏观经济因素，一方面是考虑到面板模型中每个年度内宏观因素的差异性，另一方面是因为我国的发展地区之间存在很大的不平衡性，不同地区间经济指标的巨大差异导致家庭收入和财富水平也存在很大的差异性，用省际经济指标更能体现他们之间的影响关系。

综上，本书面板联立方程模型中涉及变量的指标选取和说明如表 5–5 所示。

表 5–5　模型指标选取和数据说明

指标	变量	符号	指标和数据说明
家庭特征	收入	y	所有家庭成员当年收入的总和
	财富	w	家庭净财富总和
	年龄	age	家庭成员的平均年龄
	文化程度	fedu	家庭成员的最高受教育年限
	家庭规模	fsize	家庭成员人数

续表

指标	变量	符号	指标和数据说明
宏观经济因素	地区经济水平	gdp	人均 GDP（元）
	城市化水平	urban	城镇常住人口占比（%），2010 年为当年人口普查推算数据，其余年份为年度 1‰人口变动调查样本推算数据
	地区教育水平	edu	人均受教育年限（年），根据各地按受教育程度分的人口数加权平均计算[❶]；2010 年为当年人口普查推算数据，其余年份为年度 1‰人口变动调查样本推算数据
	房价水平	hprice	商品房平均销售价格（元 / 平方米）

在经济社会的运行中，宏观因素的发展变化对不同阶层家庭的影响可能也是存在差异的，这种差异体现了对发展成果的分配，也是家庭收入和财富出现分化的重要原因，所以本书的估计中对宏观因素的系数也进行分段估计。综上，估计收入与财富分组系数的面板联立方程的最终形式为

$$\begin{cases}\tilde{y}_{it}=\sum_{j=1}^{10}\alpha^{j}\tilde{w}_{it}^{j}+\sum_{j=1}^{10}\delta_{1}{}^{j}g\tilde{d}p^{j}{}_{it}+\sum_{j=1}^{10}\delta_{1}{}^{j}urb\tilde{a}n^{j}{}_{it}+\sum_{j=1}^{10}\delta_{1}{}^{j}e\tilde{d}u^{j}{}_{it}+\delta_{4}a\tilde{g}e_{it}+\delta_{5}fs\tilde{i}ze_{it}+\delta_{6}fe\tilde{d}u_{it}+\tilde{\varepsilon}_{1it}\\ \tilde{w}_{it}=\sum_{j=1}^{10}\beta^{j}\tilde{y}_{it}^{j}+\sum_{j=1}^{10}\delta_{7}{}^{j}hp\tilde{r}ice^{j}{}_{it}+\delta_{8}a\tilde{g}e_{it}+\delta_{9}fs\tilde{i}ze_{it}+\delta_{10}fe\tilde{d}u_{it}+\tilde{\varepsilon}_{2it}\end{cases}$$

（5–18）

其中，变量上方的波浪线表示经过个体效应中心化处理的结果。

2. 变量描述性统计

为了保证估计结果的稳健可靠，我们在前期的数据整理过程中对重要指标的数据情况和相互关系进行了一些考察，在剔除了收入、财富缺失和异常样本的基础上，对其他变量的数据缺失情况进行了插补和替代处理，尽量保留样本家庭。主要变量的基本描述统计如表 5–6 所示。

❶ 其中文盲人口的受教育年数为0，小学程度为6年，初中程度为9年，高中及中专程度为12年，大学本科、专科及以上学历为16年。

表 5-6 主要变量的描述统计

变量名称	样本数	均值	方差	最小值	最大值
家庭收入（元）	47898	56254	124519	1.034	8336000
家庭财富（元）	47898	445521	1107200	1.171	80130000
家庭最高受教育水平（年）	47898	10.108	4.299	0	23
家庭规模（人）	47898	3.751	1.800	1	26
家庭平均年龄（岁）	47898	40.414	14.435	0	95
地区人均 GDP（元）	47898	45533	22240	13119	118198
地区城市化率（%）	47898	55.396	14.389	29.607	89.571
地区人均受教育水平（年）	47898	8.671	1.073	5.085	12.304
房价水平（元 / 平方米）	47898	6344	4122	3042	27497

5.3.3 模型估计和结果分析

根据上文的模型设定和变量选择，我们对所有变量进行中心化处理后进行了联立方程的估计。由于面板数据计算离差去除个体效应的过程中已经消除了大量的家庭特征，回归过程中发现模型中一些家庭特征的作用并不明显，我们根据实际结果对模型变量进行了适当调整，估计过程如表 5-7 所示。我们首先对模型进行单方程的 OLS 估计，作为变量选择的参考，模型（1）体现了家庭收入和财富之间的相互影响关系，模型（2）对家庭特征加以控制，这种影响关系仍然显著，模型（3）进一步控制了省级的宏观经济变量，此时模型的拟合度得到明显提高，体现了宏观因素对家庭收入和财富的影响作用。

当然，由于家庭收入与财富之间互相影响的关系，联立方程模型的估计要考虑到内生性问题，分为单方程估计法和系统估计法两类。单方程估计对每个方程进行单独的估计，忽略了各方程之间的联系，可能没有后者有效率，而系统估计的缺陷在于如果某个方程估计的不准确，则可能影响其他方程的估计，所以我们对收入和财富的联立方程模型同时使用了两种方法进行估计，作为对照和参考。模型（4）用 2SLS 方法把外生变量作为有效的工具变量进行单方程估计，模型

（5）用 3SLS 方法进行联立方程模型的系统估计，可以看到，二者的估计结果是基本一致的，而与模型（3）存在较大差异，这也体现了在收入与财富的关系估计中，充分考虑二者互动作用和内生性影响的必要性。

表 5-7　家庭收入与财富的面板联立方程估计结果

估计方法 样本量		（1）	（2）	（3）	（4）	（5）
		OLS	OLS	OLS	2SLS	3SLS
		47898	47898	47898	47898	47898
收入方程	w	0.0214***	0.0208***	0.0191***	0.0636***	0.0636***
		（32.51）	（31.51）	（28.77）	（19.25）	（19.24）
	fsize	—	7210.4***	6784.8***	5063.7***	5087.2***
		—	（11.62）	（10.98）	（7.69）	（7.73）
	fedu	—	2094.3***	1111.7***	851.1***	851.2***
		—	（8.21）	（4.30）	（3.14）	（3.14）
	age	—	922.6***	194.1	76.72	94.06
		—	（7.92）	（1.60）	（0.60）	（0.74）
	gdp	—	—	0.0477**	0.0030	0.0053
		—	—	（2.45）	（0.15）	（0.26）
	urban	—	—	1174.1***	1302.2***	1055.1***
		—	—	（6.15）	（6.52）	（5.34）
	edu	—	—	8034.5***	3472.3***	4092.7***
		—	—	（12.41）	（4.61）	（5.46）
	_cons	−0.0001	0.0001	−2169.8**	−136.6	−240.6
		（−0.00）	（0.00）	（−2.22）	（−0.13）	（−0.23）
	R^2	0.0216	0.0263	0.0351	−0.0560	−0.0559
	F/chi2	1056.85***	324.42***	249.00***	175.42***	1235.03***

续表

估计方法		(1)	(2)	(3)	(4)	(5)
		OLS	OLS	OLS	2SLS	3SLS
样本量		47898	47898	47898	47898	47898
财富方程	y	1.007***	0.978***	0.763***	−1.086	−1.086
		(32.51)	(31.51)	(25.05)	(−1.54)	(−1.54)
	fsize	—	34123.1***	25362.6***	38624.7***	38624.7***
		—	(8.01)	(6.11)	(5.82)	(5.82)
	age	—	7410.6***	−2361.7***	−1938.3**	−1938.3**
		—	(9.28)	(−2.95)	(−2.29)	(−2.29)
	fedu	—	12578.4***	5096.0***	8257.0***	8257.0***
		—	(7.18)	(2.98)	(3.85)	(3.85)
	hprice	—	—	110.66***	128.45***	128.45***
		—	—	(51.48)	(18.01)	(18.01)
	_cons	−0.0002	−0.0002	0.0001	0.0001	0.0001
		(−0.00)	(−0.00)	(0.00)	(0.00)	(0.00)
	R^2	0.0216	0.0248	0.0760	0.0050	0.0050
	F/chi2	1056.85***	305.41***	788.38***	649.39***	3247.36***

注：系数下方括号中为T统计量；*、**、***分别代表在0.1、0.05、0.01的显著性水平下统计显著。

本书中我们关心的是分组情况下各组家庭收入与财富互动关系的差异性，所以需要进行式（5-18）的分组估计。考虑到模型的可识别性以及宏观因素对各组家庭收入和财富影响的差异性，模型中对宏观因素也进行了引入虚拟变量的分组估计。分组的回归系数表示在该组家庭中，收入或者财富平均意义上的相互影响关系，以及宏观因素和家庭特征变化时该组的家庭收入或者财富的平均变化幅度。由于分组估计模型的变量较多，表5-8仅列出了家庭收入、财富以及宏观因素的分组系数估计结果。根据分组系数的结果，可以对各组家庭收入与财富的相互作用以及所受宏观因素的影响进行对比分析。

观察分组的收入方程和回归方程5-8可知，对于不同收入水平的家庭来讲，收入与财富之间的互动关系以及宏观因素对收入、财富水平的影响都存在差异性，且从最低收入组到最高收入组存在一定的规律性，这也是发展过程中形成收入差距和财富分化，以及二者之间相互关联的根本原因。根据估计结果，我们可以对收入差距与财富分布的关联性，以及宏观因素发展对贫富差距的影响作用进行进一步分析。

表 5-8　面板联立方程分组系数的估计结果

家庭分组	收入方程				财富方程	
	家庭财富	地区经济水平	地区教育水平	城市化水平	家庭收入	房价水平
1 组	−0.228***	0.178	−5474.3***	2808.5***	0.156	82.1***
2 组	−0.152***	0.100	−5311.1***	2842.1***	0.135	89.1***
3 组	−0.176***	0.238*	−3092.8***	2590.4***	0.174	84.7***
4 组	−0.045***	0.025	−3724***	2545.9***	2.875*	78.7***
5 组	−0.054***	0.057	−1458.4	2318.6***	2.055*	83.8***
6 组	−0.045***	0.423***	545.2	1837.8***	2.698***	72.9***
7 组	−0.049***	0.319**	1704.9*	2020.8***	2.732***	78.5***
8 组	−0.005	0.298**	4686.4***	1483.9***	1.417**	85.4***
9 组	0.01	0.699***	10483.4***	437.0*	1.485***	99.8***
10 组	0.075***	0.893***	23674.4***	−1202.6***	3.205***	98.5***

注：*、**、***分别代表在0.1、0.05、0.01的显著水平下统计显著。

1. 家庭收入对财富的积累作用主要体现在中、高收入家庭中

家庭收入对财富的作用系数在 1 ~ 3 组家庭中并不显著，这三组家庭的收入水平处于 3 万元以下，均值仅为 10882 元，很难通过储蓄实现财富的积累；从第 4 组开始，家庭收入对财富水平体现出显著的正影响，其中收入水平中等偏高的第 8、第 9 组的影响幅度最低，而收入水平最高的第 10 组影响幅度最大。究其原因，最高收入组收入水平极高自然形成了较高的储蓄率，能够更快得到财富的积累，而中等偏高的第 8、第 9 组家庭达到一定的收入水平的同时也出现了更高的消费期望，对生活品质的追求和对子女未来的焦虑造成了更多的支出，储蓄率反而低于中等偏低的家庭，收入对财富的作用系数也较小。

在这样的作用结构下，财富的分化会持续扩大并且财富分布的差距高于收入

差距，因为低收入家庭无法实现财富的积累，而中高收入家庭会获得财富的持续增加，特别是最高收入组，会逐渐占有越来越多的财富比重。所以收入差距不仅是当期发展成果分配的公平问题，更影响着长远的财富分布。收入调整政策应当考虑到对财富分布的影响，特别是着力提高低收入家庭的收入水平，促进低收入家庭实现财富的积累。

2. 家庭财富对收入的正向作用仅仅体现在最高收入家庭中

与预期结果大相径庭的是，家庭财富对收入水平的影响系数在 1 ~ 8 组均为负，仅仅在最高收入组显著为正，整体回归中财富对收入平均意义上 0.063 的正向影响仅仅体现在最高收入组中。我们在第 3 章的理论分析提出财富影响收入的三个路径：获得财产性收入、影响资源和人力资本投入、影响劳动时间供给，其中资源和要素投入更多的是代际间的影响，本书的模型中很难体现出来。本书联立方程模型中家庭财富通过获得财产性收入对家庭收入存在正影响，通过影响劳动时间供给则对收入存在负向影响。可见对大部分家庭来讲，拥有的财富很难通过获得财产性收入来实现收入的增加，财富主要是作为对收入具有可替代性的经济资源影响家庭成员的劳动时间供给。因此，大部分家庭增加财富对家庭收入是负向的影响，人们在财富增加的情况下倾向于减少劳动时间，享受更多的闲暇时间，同时保持原有的福利水平。

第 10 组家庭财富对收入的影响系数显著为正，说明只有在收入和财富达到很高水平时，家庭财富通过形成财产性收入对总收入的影响才能够体现出来。图 5-4 是根据 CFPS 2016 年数据绘制的分组家庭平均财富水平的柱状图，从中不难看出，第 10 组家庭与其余 90% 家庭财富水平的差别是跨越式的，即使是根据收入水平分组，最高收入组的平均财富相较其他家庭也是成倍增加。只有在财富水平非常高的情况下，才能实现通过财富获取更多的收入，在获得财产性收入的渠道不健全的情况下，财富分布的差距会造成更高程度的财产性收入差距，会带来收入差距的进一步扩大。

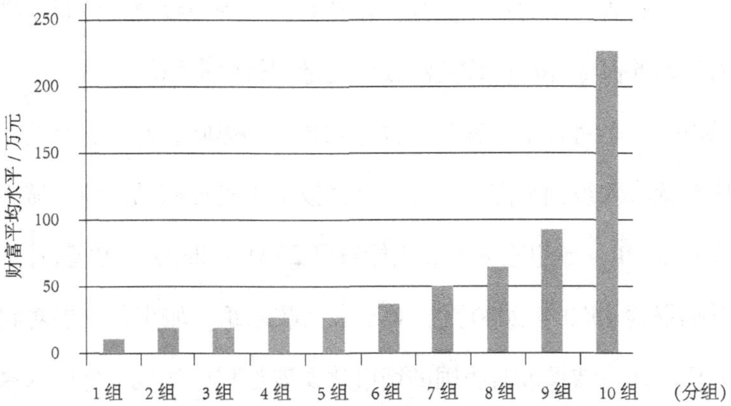

图 5-4　2016 年分组家庭财富平均水平

3. 宏观经济指标对各阶层家庭的收入存在不同的影响

作为家庭财富的最主要组成部分，平均住房价格的变化对各组财富水平都存在非常显著的正向作用，但是这种影响在组间的差异并不大，地区商品房均价提高 1000 元 / 平方米，各组平均财富的增加幅度在 7.29 万元（6 组）~ 9.98 万元（9 组），这一定程度上说明各组家庭之间拥有房产的情况差别不大。本书的分组是按照收入水平进行，这就说明家庭财富最重要的组成部分——房产实际上与收入水平的相关性不强，可能更多地来源于代际继承、家庭决策、机遇等因素。

地区经济水平的提高对家庭各组收入作用均为正，但 1 ~ 5 组家庭的系数统计不显著，经济发展对家庭收入的影响主要是作用在 6 ~ 10 组中高收入家庭，特别是第 9 组、第 10 组的作用系数最大，分别为 0.699 和 0.893。可见我国经济发展的成果的分配还是偏向高收入阶层，低收入家庭很难共享经济发展的成果，在分配制度上应该注重向低收入阶层的倾斜。

地区教育水平对收入差距的作用也不容乐观，地区人均受教育年限的提高对低收入组的平均家庭收入存在显著的负影响，到第 7 组才体现出显著的正向作用，7 ~ 10 组的影响系数越来越大，增长超过 100%。这说明我国的教育投入和教育发展不平衡的状况比较严重，人均受教育年限的提高主要来自于高等教育的发展，因此，对高收入组的作用更强。在教育投入中应该更加注重基础教育的加强，除了入学率的保证外还应该关注教育质量和教育资源的分布。

地区城市化水平对各组家庭收入也存在显著的影响，对比各组的系数结果可以发现，从最低收入组到最高收入组，该系数基本是递减的。地区城市化水平每提高1个百分点，1 ~ 5组家庭的收入能得到2300 ~ 2800元的提高，6 ~ 8组家庭的这一影响仅为1500 ~ 2000元，对于最高收入组，城市化发展对收入水平的作用反而为负。这一结果说明我国的城市化发展过程中实现了低收入家庭更多的收入提升，具有一定的益贫性，城市化的深入发展有助于缓解收入差距问题。

5.4 宏观层面收入差距和财富分布调节对收入、财富增长的影响

收入差距和财富分布的分化是在市场规律下要素流动和资源配置的结果，宏观政策的调节虽然有助于改善社会公平，但可能会同时影响资源的最佳配置和生产效率，在收入差距和财富分布的调节中，效率就体现在收入和财富的平均水平上。本小节的主要内容是通过省际的面板数据进行收入差距和财富分布指数对平均收入、财富水平的回归，明确收入差距和财富分布调节对收入、财富增长的影响。

5.4.1 模型设定和变量选择

本小节考虑通过省级的面板数据进行收入差距和财富分布对平均收入和财富水平作用关系的分析。本小节的实证分析是根据CFPS微观调查数据进行省际的家庭收入、财富平均水平和泰尔指数测度，结合各类省级经济指标，用2010—

2016 年 25 个省份的数据构建面板模型来检验我国收入和财富的泰尔指数对其平均水平的影响关系。具体模型形式如式（5–19）所示。

$$\begin{aligned} y_{\text{mean}\,it} &= \alpha_0 + \alpha_1 y_{\text{theil}\,it} + \alpha_2 w_{\text{theil}\,it} + \alpha_3 gdp_{it} + \alpha_4 urban_{it} + \alpha_5 edu_{it} + u_{1i} + \varepsilon_{1it} \\ w_{\text{mean}\,it} &= \beta_0 + \beta_1 y_{\text{theil}\,it} + \beta_2 w_{\text{theil}\,it} + \beta_3 gdp_{it} + \beta_4 urban_{it} + \beta_5 hprice_{it} + u_{2i} + \varepsilon_{2it} \end{aligned} \tag{5–19}$$

其中，i=1,2,⋯,25，表示 CFPS 调查所覆盖的 25 个样本省份，t=2010，2012，2014，2016，表示 4 个调查年度。y_{mean}、w_{mean} 和 y_{theil}、w_{theil} 分别表示根据 CFPS 调查数据计算的省际家庭收入和净财富的平均水平、泰尔指数，gdp、urban、edu、hprice 分别表示经济水平、城市化程度、教育水平和房价水平，是来自国家统计局等部门的省际宏观经济指标，相关变量的简单的描述性统计如表 5–9 所示。

表 5–9　主要变量描述性统计

变量	样本量	均值	方差	最小值	最大值
y_{mean}	100	55731	28529	23001	178458
w_{mean}	100	437324	417488	109277	2850332
y_{theil}	100	0.478	0.195	0.212	1.346
w_{theil}	100	0.641	0.221	0.355	1.887
gdp	100	47806	24243	13119	118198
hprice	100	6.636	4.332	3.042	27.497
edu	100	8.695	1.170	6.237	12.304
urban	100	56.209	13.852	33.803	89.571

实证模型所使用的数据包括 25 个省份、4 个年度共 100 个样本，根据表 5–9 可知，样本之间在各个变量上都存在一定的差异，最大值和最小值之间甚至相差数倍、数十倍，这一方面源于 2010—2016 年经济社会的发展，更重要的是源于我国发展过程中巨大的地区差异，各省份实际上处于不同的发展阶段之下。各省家庭总收入的泰尔指数为 0.212 ~ 1.346，极差为 1.134，而家庭净财富的泰尔指数要整体高于收入，其取值变动范围也更大。其他相关变量从不同的角度反映了地区经济和社会的发展状况，也都存在不同程度的差异，体现了不同年份、不同

地区间发展水平、发展模式的差异，也为计量模型的实际估计提供了可行性。

5.4.2 模型估计和结果分析

根据以上分析，本小节分别以家庭平均收入和平均净财富为被解释变量，进行了2010—2016年省级层面的面板分析。

本小节中两个模型的Hausman检验结果如表5-10所示，平均收入模型和平均财富模型的检验结果显著拒绝原假设，实际估计中选择固定效应形式。

表5-10 面板模型的Hausman检验结果

方程	卡方统计量	*P*值
平均收入方程	44.39	0.0000
平均财富方程	20.58	0.0001

面板模型的估计结果如表5-11所示。

表5-11 收入、财富分布对其平均水平影响的面板模型估计结果

模型	(1)	(2)	(3)	(4)
	y_{mean}	y_{mean}	w_{mean}	w_{mean}
y_{theil}	44696.0***	44849.66***	76418.1	—
	(8.19)	(8.26)	(1.04)	—
w_{theil}	1023.4	—	109207.7*	118527.7*
	(0.21)	—	(1.69)	(1.87)
gdp	1.188***	1.371***	1.749	2.874*
	(7.20)	(11.24)	(0.93)	(1.92)
urban	744.1**	796.215**	3124.0	—
	(−2.38)	(2.55)	(0.91)	—
edu	355.4**	285.058***	—	—
	(2.54)	(2.16)	—	—
hprice	—	—	68255.8***	69751.3***
	—	—	(7.45)	(7.67)

续表

模型	(1)	(2)	(3)	(4)
	y_{mean}	y_{mean}	w_{mean}	w_{mean}
_cons	−21382.9	−2068.9***	−381430.2*	−238981.9***
	(−1.27)	(−0.17)	(−2.56)	(−3.73)
N	100	100	100	100
R^2 (between)	0.7072	0.7041	0.8651	0.8610

注：*、**、***分别代表在0.1、0.05、0.01的显著性水平下统计显著；系数下方括号中为z值。

根据估计结果，地区居民家庭的平均家庭收入与地区经济发展水平、城市化程度和教育水平都相关，经济越发达、城市化水平越高的地区，居民家庭的平均收入水平越高，地区平均受教育年限的增加也可以显著提高家庭收入水平。收入和财富的分配方面，家庭净财富的泰尔指数对平均收入并不存在显著作用，家庭收入主要受到收入差距的影响，家庭收入的泰尔指数提高 0.1，会引起收入水平平均增加约 4.47 万元。这一结论验证了公平与效率的冲突，即收入分配不平等程度的增加虽然不利于社会公平，但有利于“做大蛋糕”，提高整体的收入水平，所以收入分配的调整政策需要在收入差距与收入水平之间进行权衡，寻找最优化的解决方案。

居民家庭的平均净财富也与经济发展水平密切相关，经济水平越高的地区，其家庭财富积累也更深厚，此外，由于房产在居民家庭财富中占据非常重要的位置，地区的平均房价水平也与居民财富水平息息相关，房价的增长会带来家庭房产的增值，直接影响平均财富水平。与收入方程类似，家庭的平均财富水平也仅仅受到财富分布的影响，收入分配状况对家庭财富水平的作用并不显著。财富泰尔指数 0.1 的提高，会引起家庭净财富水平平均增加约 1.18 万元，财富的均等分布和快速积累之间也存在一定冲突，财富的分化和集中有利于整体财富水平的快速增长。

5.5 本章小结

本章是收入差距与财富分布关联模型的构建与参数估计，主要内容是根据上文的理论分析构建了收入差距和财富分布相互关联的理论模型，并借助相应的数学和计量方法实现了从理论框架到实际数量关系的转化，为后文的优化提供了数量关系约束。本章的主要内容和结论包括：

（1）通过分组的方式实现家庭收入、财富信息与宏观收入和财富分布信息的连接，构建了收入差距与财富分布的关联模型，该模型包含三个层次内容，第一是从分组的收入、财富水平到整体均值和不平等指数的计算；第二是各组收入和财富之间的联立影响关系，用这种影响的差异性来体现收入分布与财富分布之间的关联关系；第三是收入和财富的不平等程度与平均水平的关系，体现分配调整中公平对效率的约束。

（2）根据 CFPS 家庭调查数据和相关经济指标，利用计量和数学方法实现了关联模型的参数估计。收入差距与财富分布关联模型参数估计结果的整体表达式为

$$
\begin{cases}
(1): w_{\text{theil}} = \dfrac{1}{10}\sum_{i=1}^{10}\dfrac{w_i}{\overline{w}}T_i^{w} + \dfrac{1}{10}\sum_{i=1}^{10}\dfrac{w_i}{\overline{w}}\ln\dfrac{w_i}{\overline{w}} \\
(2): \overline{w} = \dfrac{1}{10}\sum_{i=1}^{10} w_i \\
(3): y_{\text{theil}} = \dfrac{1}{10}\sum_{i=1}^{10}\dfrac{y_i}{\overline{y}}T_i^{y} + \dfrac{1}{10}\sum_{i=1}^{10}\dfrac{y_i}{\overline{y}}\ln\dfrac{y_i}{\overline{y}} \\
(4): \overline{y} = \dfrac{1}{10}\sum_{i=1}^{10} y_i \\
(5): \hat{w}_1 = 0.156y_1 + 82.1\text{hprice} - 1496\text{age} + 15025\text{fsize} + 0.001 \\
(6): \hat{w}_2 = 0.152y_2 + 89.1\text{hprice} - 939\text{age} + 15025\text{fsize} + 0.001 \\
(7): \hat{w}_3 = 0.174y_3 + 84.7\text{hprice} - 1279\text{age} + 15025\text{fsize} + 0.001 \\
(8): \hat{w}_4 = 2.875y_4 + 78.7\text{hprice} - 1697\text{age} + 15025\text{fsize} + 0.001 \\
(9): \hat{w}_5 = 2.055y_5 + 83.8\text{hprice} - 2047\text{age} + 15025\text{fsize} + 0.001 \\
(10): \hat{w}_6 = 2.698y_6 + 72.9\text{hprice} - 1408\text{age} + 15025\text{fsize} + 0.001 \\
(11): \hat{w}_7 = 2.732y_7 + 78.5\text{hprice} - 2940\text{age} + 15025\text{fsize} + 0.001 \\
(12): \hat{w}_8 = 1.417y_8 + 85.4\text{hprice} - 1473\text{age} + 15025\text{fsize} + 0.001 \\
(13): \hat{w}_9 = 1.485y_9 + 99.8\text{hprice} - 3295\text{age} + 15025\text{fsize} + 0.001 \\
(14): \hat{w}_{10} = 3.205y_{10} + 98.5\text{hprice} - 7411\text{age} + 15025\text{fsize} + 0.001 \\
(15): \hat{y}_1 = -0.228w_1 + 0.178\text{gdp} + 2808\text{urban} - 5474\text{edu} - 835\text{fsize} + 632\text{fedu} + 122\text{age} - 0.0001 \\
(16): \hat{y}_2 = -0.152w_2 + 0.100\text{gdp} + 2842\text{urban} - 5311\text{edu} - 835\text{fsize} + 632\text{fedu} + 122\text{age} - 0.0001 \\
(17): \hat{y}_3 = -0.176w_3 + 0.238\text{gdp} + 2590\text{urban} - 3093\text{edu} - 835\text{fsize} + 632\text{fedu} + 122\text{age} - 0.0001 \\
(18): \hat{y}_4 = -0.045w_4 + 0.025\text{gdp} + 2545\text{urban} - 3724\text{edu} - 835\text{fsize} + 632\text{fedu} + 122\text{age} - 0.0001 \\
(19): \hat{y}_5 = -0.054w_5 + 0.057\text{gdp} + 2318\text{urban} - 1458\text{edu} - 835\text{fsize} + 632\text{fedu} + 122\text{age} - 0.0001 \\
(20): \hat{y}_6 = -0.045w_6 + 0.423\text{gdp} + 1837\text{urban} + 545\text{edu} - 835\text{fsize} + 632\text{fedu} + 122\text{age} - 0.0001 \\
(21): \hat{y}_7 = -0.049w_7 + 0.319\text{gdp} + 2020\text{urban} + 1705\text{edu} - 835\text{fsize} + 632\text{fedu} + 122\text{age} - 0.0001 \\
(22): \hat{y}_8 = -0.005w_8 + 0.298\text{gdp} + 1484\text{urban} + 4686\text{edu} - 835\text{fsize} + 632\text{fedu} + 122\text{age} - 0.0001 \\
(23): \hat{y}_9 = 0.010w_9 + 0.699\text{gdp} + 437\text{urban} + 10483\text{edu} - 835\text{fsize} + 632\text{fedu} + 122\text{age} - 0.0001 \\
(24): \hat{y}_{10} = 0.075w_{10} + 0.893\text{gdp} - 1203\text{urban} + 23674\text{edu} - 835\text{fsize} + 632\text{fedu} + 122\text{age} - 0.0001 \\
(25): \hat{\overline{w}} = 118527w_{\text{theil}} + 2.87\text{gdp} + 69.75\text{hprice} - 238981.9 \\
(26): \hat{\overline{y}} = 44849y_{\text{theil}} + 1.37\text{gdp} + 7.96\text{urban} + 9.13\text{edu} - 2068.9
\end{cases}
\tag{5-20}
$$

（3）根据家庭层面面板数据的分段回归估计结果，家庭收入对财富的积累作用主要体现在中、高收入家庭中，低收入家庭组由于收入水平过低几乎无法实现财富的积累，而中高收入家庭会获得财富的持续增加，造成财富分布的进一步分化；而家庭财富对收入水平的影响系数在 1 ~ 8 组均为负，对大部分家庭来讲，拥有的财富很难通过获得财产性收入来实现收入的增加，只有在收入和财富达到很高水平的第 10 组家庭中，财富通过形成财产性收入对总收入的正面作用才能够体现出来。此外，外部经济因素对各组家庭收入和财富的影响也存在差异性，会带来收入差距和财富分布状况的变化。

（4）通过省际层面的面板回归的实证分析的结果，收入分配和财产分布的差异程度对其各自平均水平呈现正向的影响，也就是说在经济水平、城市化建设、公共服务等其他经济社会发展状况既定的情况下，收入和财富分配差异的扩大有利于提高效率，增加整体的收入和财富水平。而在同样的经济社会发展情况下，收入和财富分配的平均化必然损失一部分效率，对应的是较低的整体收入和财富水平。

第 6 章　基于收入差距和财富分布关联模型的财富分布优化模拟

上文构建了家庭收入分配与财富分布之间的关联模型，并通过计量回归明确了主要变量间的数量关系。收入分配政策对各阶层收入的调节不仅会影响收入分配的差距，还会作用于家庭的财富水平，最终影响财富的分布。基于此，本章希望构建基于收入调节的财富分布优化模型，寻求以财富分布最小化为目标时最优的收入分配策略。该模型是基于收入差距与财富分布之间的关联关系，同时要求满足收入差距不扩大，收入、财富的适度增长，以及各项经济目标均有发展等条件，通过多目标规划的方法求解满足各种约束下使财富分布达到最低的收入分配策略。

6.1　财富分布优化的思想

本书的基本思路是以家庭收入差距和财富分布之间的作用关系为基础，通过一定的收入分配调整实现财富分布程度的优化。对财富分布进行优化测算的做法是在以上作用关系的基础上根据线性规划理论构建多目标规划模型，然后对优化模型进行求解，寻求能够使家庭财富分布不平等程度最小的收入分配策略。在构建理论模型和进行实际测算之前，需要先明确收入分配优化的总思路，即最优的财富分配应该满足怎样的标准和要求，通过怎样的手段来实现财富分布的优化。

6.1.1 优化的目标是追求社会公平，实现财富分化的降低

财富分布的差异是经济和社会发展过程中产生的自然结果，但是，并不能因此就认可不平等存在的合理性。从经济发展的角度出发，过度的不平等可能造成经济资源一定程度上的浪费，反而不利于全社会生产效率的提高；从社会稳定的角度出发，贫富分化严重往往容易爆发社会矛盾，滋生暴力犯罪，不利于社会的和谐稳定和经济持续发展。最重要的是，从社会公平的角度出发，即使贫富差距没有到达形成资源浪费、威胁社会稳定的极端情况，较高的资源分配不平等也容易导致人们的付出和回报不对等，是对社会公平的危害，不符合“人人生而平等”的人类社会基本价值观念。当然，收入和财富分配的绝对平均也是不合理、不公平的，过多的转移支付和福利覆盖也容易出现“养懒汉”的情况，不平等的调节目标并不是追求绝对平等或者追求最低的不平等程度。

不平等程度合理范围的确定一直是理论研究和实际政策制定中的难点，很难在“过度平均”和“过度不平等”之间找到“恰当”的不平等程度。第4章宏观层面的回归结果显示我国收入和财富泰尔指数的提高对其整体增长是存在正面影响的，从效率的角度看，我国目前的财富分布状况还没有达到“过度”的程度。但是在现实社会中，我们也可以看到财富分布引发的诸多社会问题，所以从公平的角度看，我国的财富的分化也应该受到制约。财富分布的优化需要在公平和效率之间进行妥协，在较低的不平程度和较高的财富水平之间进行权衡。本书的优

化思想是追求社会公平的改善和不平等程度的降低，寻求效率约束下最低的财富泰尔指数。

6.1.2　财富分布优化的手段是收入分配调整

对财富分布的调节可以从两方面入手，一是对已经形成的财富进行调节，包括收取财产税、遗产税或者直接进行财富的转移和重新分配，这涉及税收制度和产权保护的问题，需要从法律、社会管理层面进行深入的研究和探讨；二是从财富的形成过程入手，通过收入的调节来逐渐改变家庭财富的积累，实现财富的合理分布。本书的理论和实证分析已经证明了家庭收入的积累对财富水平的作用，以及收入差距与财富分布之间的相互作用机制和数量关系，所以本书财富分布优化的手段是收入分配政策，通过对收入的调整来实现财富分布的合理化和财富分布程度的降低。

与财富相比，短期的收入具有更加灵活、易于调节的特点。通过收入的调整来改变家庭的财富积累轨迹，促进低财富和没有财富家庭的财富积累和高财富家庭财富规模的控制，可以从根本上实现财富分布的合理化，遏制财富分布差距的扩大。收入的调整包括通过政府转移支付、所得税政策、分配政策进行的直接调整，也包括从收入的影响因素出发，通过对影响家庭收入的经济指标进行调节来实现收入分配的调节。财富分布的优化也需要从这两个角度进行，明确怎样的收入分配策略和怎样的收入影响因素调节才能实现财富分布差距的缩小。

6.1.3　财富分布的优化要在收入和财富的互动框架下进行

通过收入调整进行财富分布优化的基础是收入差距和财富分布之间的关联关

系，本书第 4 章已经根据相关数据和计量方法实现了二者关系的量化估计，本章的优化模拟就是建立在这种数量关系之下。优化模拟中以各组家庭收入与财富之间的数量关系作为变量间的关系约束，模拟对各组家庭的收入和收入差距进行调整能够如何改变家庭的财富积累轨迹，带来财富分布怎样的变化。

同时，在优化调整的过程中应该注意到，家庭收入与财富的作用关系是相互的，收入水平可以通过储蓄的积累作用于财富，财富水平还会反过来作用于家庭收入，包括得到资产收益直接带来的财产性收入，以及与财富水平所对应的资源、机会间接带来的收入增加。所以通过转移支付、税收、影响因素调节等手段实现的收入调整在作用于家庭财富和财富分布后，会受到财富分布的反作用，出现收入差距的进一步变动。通过收入调整实现财富分布优化的过程中，也要充分考虑家庭收入和财富的这种互动关系，充分考虑家庭财富水平变动对收入的反作用，在家庭收入和财富的相互影响、相互作用中寻求财富分化最小化的均衡状态。

6.1.4 要同时考虑收入差距的可接受程度

本书财富分布调节的总体思想是通过对收入的调整实现财富分布的优化，实现财富的合理分布，这个调整过程中必然带来当期收入分配状况的变化，影响收入分配的差距。财富的多少能为居民家庭提供持久、稳定的福利、安全感和社会资源，收入的获取则可以为家庭提供流动性，短期收入分布的合理性也同样不容忽视。本书优化调节的主要目标是长期财富分布的合理性和均衡性，但与此同时，短期内收入分配的差距也应该得到控制。

收入是家庭储蓄和财富积累的重要来源，这也是本书通过对收入的调节来缩小财富分布差距的重要理论基础，所以收入分布的差距在长期积累之下可能会导致财富分布的进一步扩大，是不利于财富分布的合理化的。在短期内，收入是家庭流动性的主要来源，是影响家庭消费水平的首要因素。特别是对于财富水平较低或者没有财富积累的家庭，能够获得持续稳定的收入对维持一定的家庭消费水平和福利水平显得尤为重要。所以短期内收入分配的公平合理有利于保证居民家庭正常的消费和福利水平，也有助于维护社会公平、提高生产效率，保持社会生产活动和居民生活的良性运转。在进行财富分布优化的同时也要考虑收入分配的合理化，保证收入差距的程度不会进一步扩大。

6.1.5　要保证一定的整体收入和财富水平

不平等调整政策中一个基本的问题就是公平与效率的权衡，在收入分配问题中，公平与效率的冲突体现为整体收入水平的提高与收入差距缩小的此消彼长；在财富分布问题中，公平与效率的冲突体现为平均财富水平与财富分布差距之间的矛盾。经济和社会发展的过程中，资源的适度集中有利于增加规模效应，提高整体的生产效率。在市场机制的作用下，经济发展的成果会自动向效率更高、生产能力更强的部门集中，这有利于提高全社会的生产能力和经济水平，同时也形成了收入的差距和财富的分化。在这个阶段，如果通过某些政策强行缩小收入和财富的差距，必然会带来生产效率和经济水平的降低。本书第 4 章的实证分析已经验证了收入和财富的不平等程度对各自平均水平的正向影响，这也是在追求公平的过程中效率的损失。

收入和财富的差距是有损社会公平的，在贫富两极分化的情况下，可能激发社会矛盾、反作用于经济社会的发展。所以，社会发展过程中应该对财富的分化和收入分配的过大差距进行调整，促进社会公平，保证差距的适度，而在调整的过程中应该考虑公平与效率的协调性，既不能形成贫富两极分化的状况，也要避免过度平均下的“共同贫穷”。以不平等程度最低为目标的优化模型中需要对效率的损失做出要求，确保优化状态下能够保持一定的收入水平和财富水平。

6.1.6 要考虑优化结果中收入分配策略的可行性和合理性

通过多目标优化模型求解所解决的问题是：什么样的收入分配策略能够使目标函数达到最值，但还应该考虑得到这个最优解的可行性和合理性，即：这样的收入分配状态是否能够实现、是否合理。

收入的分配并不是独立进行的，一个经济体中经济运行成果的分配与经济制度、产业发展、税收政策、社会结构等基本社会特征息息相关，全社会的收入分配结构就是在这些因素的共同作用下长期累积形成的，或者说收入分配结构具有一定的“黏性”，其调整是一个循序渐进的过程。模型求解是在现状基础上的优化，如果最优结果过于理想化或者偏离现状太远，可能仅仅停留在理论分析层面，在实践中缺乏可行性，难以实现。特别是在市场经济环境下，个体或家庭的收入获得大多是市场化收入，由个体技能、经验、能力、资源等因素决定，收入分配政策对个体或家庭收入水平的作用是有限的，对收入分配结构的调节也是有限的，所以为了保证优化结果的可行性，应该要求其偏离现实状况的距离不是太远。

另外，收入是家庭流动性的重要来源，收入水平的变动对家庭的消费支出、生活水平存在重要的冲击，家庭之间收入水平高低的相对变化也一定程度影响着居民的获得感和幸福感。所以，收入分配的调整还应该考虑对家庭、个人生活的冲击以及对社会秩序、社会心态稳定的影响，经过储蓄、财富的作用后最终形成的收入分布也不应该偏离初始收入分布过远，且各组的平均收入水平应该保持初始的排序关系，不应该出现某一组或几组家庭收入的相对地位整体上升或下降的情况。

6.2 财富分布优化模型的构建

6.2.1 优化模型的总体构建思路

上文提出的财富分布优化的思想和要求实际上是为财富分布的优化给出了一系列目标，财富分布的优化结果应该同时满足这些目标，达到多方面的均衡。本书设计用多目标规划的方法来实现多目标之间的均衡协调，寻求能够满足各方面需求的最优财富分布目标。多目标规划并不是简单地将多个目标放在一起，经济社会发展的复杂性也导致多个目标之间不一定是同向变动的，甚至可能存在互相之间的矛盾和制约。比如财富分布的缩小就可能带来效率的降低和财富水平的下降，以最低财富分布为目标的收入调节也不一定能保障收入差距的降低。多目标规划就是各项目标相互妥协、相互协调的过程，从整体进行调整来达到多目标之间的均衡。多目标规划模型的基本思想是对各项目标进行区间约束，设定各项目标能够接受的区间，根据目标的重要程度和特征，约束有严有宽，约束区间有大有小，这些区间就构成了多目标之间协调的空间，多目标规划就是在这个空间中不断迭代演化，逼近财富泰尔指数的最小值。

本书通过多目标规划对财富分布的优化从两个层次进行，首先是收入差距和财富分布关联模型内部，通过对各组收入水平的直接调节来实现财富分布的降低，其次是考虑到影响收入和财富的外部因素，通过对外部因素的调整来达到财富分布优化的目标。

（1）内部收入分配的优化：此时不考虑宏观经济因素对家庭收入、财富的影响的，仅研究在收入和财富的作用系统中，如何通过对收入分配的调节实现财富泰尔指数的最小化，或者说在现有外部条件下怎样的收入分配调节才能使财富泰尔指数取到最小值。优化的过程就是通过各组收入水平的调整来实现分组储蓄和财富水平的变化，并进一步引致收入和财富的平均水平、泰尔指数的变动，寻求满足各项约束条件的最优解。收入分配的优化要解决的问题是对各组收入进行怎样的外部调整或者说制定怎样的收入分配政策才能实现财富分布差距的缩小，能够达到财富泰尔指数的最小取值。

（2）外部影响因素的优化：此时将影响家庭收入、财富以及整体收入、财富水平的宏观经济因素也考虑进来，分组收入不再是外生给定的，而是通过这些宏观经济变量的作用变动的。模型的求解就是通过宏观经济变量的变化实现分组收入、财富以及整体收入、财富水平的变动，寻求能够满足各项约束条件并实现财富泰尔指数最小的均衡状态。外部影响因素优化要解决的问题是各项宏观因素怎样的变动能够实现财富分布差距的缩小，或者说经济水平、城市化水平等宏观经济变量怎样的取值能够使财富的泰尔指数达到最小值。

6.2.2 优化模型的具体构建

多目标优化模型是建立在变量之间数学关系的基础上，寻求能够满足所有约束条件，且目标函数取得最大值或者最小值的均衡状态。这个状态就是多目标规划的最优解，在本书中就是能够满足各方面要求且使不平等程度最低的收入分配策略。多目标优化模型主要包含两部分内容：目标函数和约束条件。目标函数由模型系统中一个或多个变量构成，体现了优化模型要达到的目标。约束条件包括对变量的关系约束和量的约束，一是模型系统中各变量应该满足的函数关系和逻辑关系，二是各变量取值范围的约束。优化求解过程中设定一些变量为可变变量，它们的变动会引起模型中其他变量以及目标函数的一系列变化。求解过程就是在可变变量的变动和迭代中寻求能够满足所有约束条件并使目标函数取得最大值或者最小值的结果。

1. 目标函数的确定

本书中，收入差距和财富分布优化模型的目标是不平等程度的最小化，包括最小的收入分配差距和最小的财富分布差距。收入分配和财富分布问题是经济和社会领域的重要问题，对经济发展、社会稳定的方方面面存在多样的影响。一个国家的收入分配政策有多方面的目标，不仅要追求较低的不平等程度，还要保证经济的增长和居民收入水平一定速度的提高，并顾及财富分布的合理性。这些目标之间不一定是一致的，可能存在矛盾和冲突，这就需要在多目标之间进行权衡。多目标规划的原理是将多个目标通过某种技术转换为一个目标的优化问题，再借助线性规划或非线性规划的工具求解。常见的将多个目标转换为单目标的方法主要包括：

（1）加权求和法。加权求和法（Zadeh[1]，1963）是通过对多目标优化中的各个目标函数加权求和的方法将其转换为单目标优化问题进行求解。模型的一般形式为

$$\min F(x) = \sum w_i f_i(x), \quad \sum w_i = 1 \tag{6-1}$$

权重系数 w_i 反映了每个目标函数的重要性。在不同的权重组合下，优化模型获得的最优解是不同的。所以，这种方法的优化结果严重依赖于权重的选择，具有较强的主观性。

（2）ε－约束法。ε 约束法（Marglin[2]，1971）的原理是在多个优化目标中选

[1] ZADEH L A . Optimality and Non-Scalar-Valued Performance Criteria [J] . IEEE Transactions on Automatic Control, 1963, 8 (1) :59-60.

[2] MARGLIN S. Public Investment Criteria [M] .MIT Press,1967.

择某一个设为目标函数，而将其他目标以约束条件的方式加入模型中，表达式为

$$\begin{aligned} &\min f_i(x) \\ &\text{s.t. } f_j(x) \leqslant \varepsilon_j \ (i \neq j) \end{aligned} \tag{6-2}$$

在优化过程中 ε 取不同的值，便可以得到不同的最优解。可以通过多次的约束和求解获得多个目标函数的最优取值组合。

（3）理想点法。理想点法（Waniner et al❶，1987）的思想是假定规划决策者对每一个目标函数都能提出所期望的值 f_i^*，所有目标函数都达到期望值的状态就是理想点。将总的目标函数设为实际值与期望值之间的偏差，在这个偏差最小时达到最优解，模型表达式为

$$\min Z = \sum w_i (f_i - f_i^*)^2 \tag{6-3}$$

（4）极大极小法。极大极小法起源于博弈论，它的原理是通过最小化目标函数值相对于预设目标值的最大偏移量，从而寻找到最优解。这种方法又叫约束模型，基本思想是如果在规划问题中，某一项目标在一个可控的范围内选择，则它可以从目标组抽调到约束条件组，从而求出最优解。

（5）分层求解法。分层求解法的基本思路是按照重要程度将目标函数排序，在这个次序下依次进行单目标优化的求解，将解集一步步缩小，最后得到的解决方案可以作为多目标优化的解。

根据 5.1 节的优化思路，本书优化模型中最主要的目标是财富分布差距的缩小，同时还应该满足收入差距的适度、收入和财富的平均水平以及收入调节方案的可行性等要求，这些要求很难确定理想值，也并非要取到最大值或者最小值，所以我们选择 ε – 约束法进行多目标向单目标的转换。具体来说，本书的多目标规划中将财富的泰尔指数列为目标函数，而其他目标则作为约束条件加

❶ WAINER I W, ALEMBIK M C, SMITH E. Resolution of enantiomeric amides on a cellulose tribenzoate chiral stationary phase [J]. J Chromatogr, 1987, 388 (1):65–74.

入优化模型中，要求在满足其他条件的前提下达到财富泰尔指数的最小化，模型表达式为

$$\begin{aligned} &\min\ w_{\text{theil}} \\ &\text{s.t.}\quad f_i(x) \leqslant \varepsilon_i \end{aligned} \tag{6-4}$$

2. 模型约束条件的设定

模型的约束条件是对优化模型中各类变量之间的关系、变量的取值范围进行设定和约束，模型的最优解必须满足约束条件中的各项要求。本书的优化模型中采用 ε - 约束法设定目标函数，所以还应该将财富泰尔指数最小之外的其他目标以约束条件的形式加入模型中。本书从以下三个方面来设定多目标规划的约束条件：

（1）变量间的作用关系约束。变量之间的作用关系，即收入差距与财富分布关联模型中一系列的计算关系和回归模型，包括各组收入、储蓄、财富之间的影响关系，从分组收入、财富到收入和财富的整体均值、不平等指数的计算，以及收入和财富分配中公平与效率的关系。

变量间的作用关系中，家庭收入和财富的分组均值与整体水平、泰尔指数之间是直接的计算关系，分组收入和财富的变动完全决定了整体均值和泰尔指数的变化情况，不存在误差项和其他影响因素，是恒等的约束。而分组收入、储蓄、财富之间的互相作用以及泰尔指数对整体均值的影响关系是通过计量模型进行估计得到的，是包含误差项的回归关系式，因此，关系式的约束中因变量的取值除了受到关键自变量的影响，还有其他控制变量、常数项和不可解释的残差项的作用。为了保证变量间关系约束的准确性，我们在将回归方程带入优化模型时，根据优化的初始值计算出每个回归方程的残差，将残差项与常数项、控制变量一并带入模型，保证各变量之间的初始关系是恒等式，优化求解得到的均衡状态能够真实反映最佳的收入分配策略。

（2）变量间的逻辑关系约束。变量之间的逻辑关系即对模型中涉及的变量之间基本逻辑关系的约束，这里主要指分组收入的大小关系。本书对样本家庭的分组是根据家庭收入水平进行区间划分，从 1 ~ 10 组是由低到高的排序。对收入的调节旨在促进收入在家庭间的合理分布，考虑到社会秩序和居民心态的稳定性，对收入的调整应该保持原有的排序关系，即使收入调整政策要增加第 1 组的收入、限制第 2 组的收入，也不应该导致调节后第 1 组收入高于第 2 组平均收入水平的情况，调结构的各组收入均值应该保持原有的大小关系。

（3）变量的取值约束。变量的取值约束是对模型中变量取值范围进行限定，一方面是计算和迭代过程中的取值要求，比如各组收入和财富水平的非负、非零约束；另一方面是相关的经济目标，主要是模型目标中用 ε 约束法形式进行约束的变量，包括收入或者财富水平的变动范围，泰尔指数的取值范围等。变量约束值的确定方法包括：①固定值约束，设定某变量的取值或者取值上下限为实际发生或者专家预测的固定值；②固定偏差约束，设定变量取值与其初始值的偏差范围，比如将泰尔指数的变动控制在 0.1 以内；③变动幅度约束，设定变量的优化值与初始值相比的变动幅度，比如要求收入的增长超过 5%；④理想值约束，根据相关理论或者实际状况确定变量的理想取值，将其设为约束目标；⑤预期约束，根据政府规划、政策报告、社会舆情分析等资料确定某些变量的预期取值。模型构建中，需要根据具体要求对对应变量的取值范围进行恰当的约束，本书优化模型中的具体约束将在后文中进行详细讨论。

3. 决策变量

在初始状态下，模型体系处于一种均衡状态，各变量之间满足各项平衡关系。模型的优化过程就是对某些变量赋予一些外部冲击，这些变量取值的变动会通过变量间的关系约束传导到整个模型系统，并带来目标函数取值的变化。这些被赋予外部冲击、进行自由变动的变量就是模型的决策变量，或者叫可变变量。

或者说，多目标规划的求解过程就是通过改变决策变量的取值，保证所有的约束条件都得到满足，并在多次的迭代中不断逼近目标函数的最大值或者最小值。决策变量的变动通过变量间的关系约束传递到模型系统的其他变量以及目标函数，如果此时的变量取值不能满足约束条件中量的约束，则返回进行下一轮的迭代，最终在能够满足所有约束条件的解法中选择使财富泰尔指数最小化的结果。本书多目标规划的思路是通过对收入的调整进行财富分布的优化，求解目标就是能够使财富泰尔指数达到最小值的模型状态。

本书的优化求解将从两个角度进行，不同角度下设定的决策变量也有所不同：①内部收入分配的优化时模型的可变变量就是收入分配状况，即分组的收入均值，通过各组收入水平的外生变动来实现满足所有约束条件的最低财富泰尔指数；②外部影响因素的优化时模型的可变变量就是影响收入、财富水平的宏观经济因素，通过经济变量的优化来实现收入分布的优化，最终达到财富泰尔指数的最小化。

6.2.3　优化模型的逻辑表达式

根据多目标规划模型构建的原理和方法，我们可以按照财富分化的优化思路构造基于收入与财富作用关系的财富分布优化模型。模型的逻辑表达式如式（6-5）所示，体现了模型的基本结构和主要内容，并列出了模型中变量之间的基本关系。

$$\min \ w_{theil}=f(w_i, p_i, T_i^w)$$

s.t.

$$\begin{cases} (1): \overline{w}=f(w_i, p_i) \\ (2): y_{theil}=f(y_i, p_i, T_i^y) \\ (3): \overline{y}=f(y_i, p_i) \\ (4)\sim(13): w_i=f(y_i, Z)+e_{1i} \\ (14)\sim(23): y_i=f(w_i, Z)+e_{2i} \\ (24): \overline{w}\leqslant f(w_{theil}\ Z,)+e_3 \\ (25): \overline{y}\leqslant f(y_{theil}\ Z,)+e_4 \\ (26): y_1\leqslant y_2\leqslant y_3\leqslant y_4\leqslant y_5\leqslant y_6\leqslant y_7\leqslant y_8\leqslant y_9\leqslant y_{10} \\ (27): x\in\{c_1, c_2\} \end{cases} \tag{6-5}$$

其中，i=1，2，…，10，代表根据收入区间进行的十个分组；y_i、s_i、p_i 分别表示各组的平均收入、财富水平和各组家庭所占比例；$\overline{w}$、$\overline{y}$ 分别表示家庭财富和收入的整体均值，w_{theil} 和 y_{theil} 分别表示财富和收入的泰尔指数；T_i^w 和 T_i^y 分别表示各组样本财富和收入的组内泰尔指数；Z 表示一系列外生控制变量，主要是影响收入和财富水平与分布的宏观经济变量。

另外，式（4）~（25）的关系约束都是以计量模型的估计式为基础，模型的逻辑表达式中只列出了优化系统的内部变量，常数项、其他控制变量以及估计式中的残差项都作为固定因素加入约束式中，用 e 表示。各约束式中的 e 是通过优化求解前模型中各变量的初始值计算得到的，在优化过程中是固定不变的。用上角标 0 表示各变量的初始取值，则 e 的计算公式可以表示为

$$\begin{aligned} e_{1i} &= w_i^0 - f(y_i^0) \\ e_{2i} &= y_i^0 - f(w_i^0, Z^0) \\ e_3 &= \overline{w}^0 - f(w_{theil}^0, Z^0) \\ e_4 &= \overline{y}^0 - f(y_{theil}^0, Z^0) \end{aligned} \tag{6-6}$$

财富分布的多目标规划模型中包含的因素包括分组层面的收入、储蓄、财富

水平，整体层面的收入、财富平均水平和泰尔指数，以及对收入、财富产生影响的其他宏观经济指标。式（6–5）体现了分组收入、财富以及收入和财富的整体均值、不平等程度之间的影响关系，还通过泰尔指数的计算实现了分组的分布信息与整体不平等指数之间的联系，这些变量之间是融会贯通、牵一发而动全身的。在这样的模型框架下，可以按照 6.1 节的优化思路实现收入调整对财富分布的影响作用，能够充分考虑财富分布对收入分配的反作用，还可以体现不平等调整中公平与效率的权衡，通过对部分变量取值范围的约束，还可以保证收入调整策略的合理性和对收入差距的优化。模型可变变量，即各组的收入水平（y_1，y_2，⋯，y_{10}）或者宏观经济变量 Z 的变动就会通过一系列的作用关系传递到分组财富水平（w_1，w_2，⋯,w_{10}）和收入、财富的整体均值和泰尔指数（$\bar{w}$、$\bar{y}$、y_{theil}、w_{theil}），在多次的迭代和演算中逼近目标函数的最小值，实现财富分布程度的最小化。

6.2.4　约束条件和变量间关系的说明

优化模型的目标函数设定为家庭财富的泰尔指数（w_{theil}），求解目标是 w_{theil} 的最小化。财富泰尔指数由组内差异和组间差异两部分构成，组内差异是各组组内泰尔指数根据财富比重的加权求和，组间差异是各组财富比重与家庭数比重之间的差异。w_{theil} 由各组的财富均值 y_i、家庭数比重 p_i 和组内泰尔指数 T_i^w 计算得到，优化求解的过程就是通过这些因素的变动来逼近 w_{theil} 的最小值。

模型逻辑式中的约束条件中包括 27 个表达式，其中式（1）~式（3）是整体财富水平、整体收入水平和收入泰尔指数的计算式，这三个计算式与目标函数中财富泰尔指数的计算式一起实现了收入和财富分组水平到整体水平和不平等程度的连接，是通过分组收入的调节政策实现财富分布优化的关键所在。

式（4）~式（23）是各组家庭的收入和财富之间的影响关系，分别表示1～10组的10个方程。4.2节的面板联立方程模型对微观层面家庭收入、储蓄、财富之间的互相影响进行了估计，并通过加入虚拟变量得到了分组样本各自的系数估计结果。优化模型对收入、储蓄、财富之间影响关系的约束中，用分组样本的系数估计结果来表示各组均值之间的关系，比如对于第一组样本家庭来说，家庭收入对财富的影响系数为α_1，则优化模型中将第一组收入与储蓄的关系表示为$w_1=\alpha_1 y_1+e_1$，其中e_1为常数项、残差项和其他控制变量的作用。

式（24）、式（25）是宏观层面收入和财富分配对整体收入、财富水平的约束，体现的是公平与效率的权衡，或者说追求公平造成的效率损失。具体来说就是收入和财富差距的降低会影响其整体水平的增长，对平均水平形成制约，优化过程中对各组收入和财富的调节需要保证其平均水平不高于调节后的泰尔指数所对应的最大平均水平。这里不同泰尔指数下对应的平均水平来源于4.3节中对宏观层面不平等程度与收入、财富水平关系的面板估计。

式（26）是对分组收入水平间逻辑关系的约束，优化结果应该保持分组收入从低到高的排序关系，不应该出现收入分布序列中样本家庭位置大规模的变化，保证社会秩序和居民心态的稳定。

式（27）是对变量取值范围的一系列约束，x代表受到约束的变量，为其取值区间。具体来说，对变量取值范围的约束包括以下几个方面：

（1）平均收入和财富水平的约束。在经济社会发展等外在因素既定的情况下，对最低收入和财富差距的追求必然带来平均收入水平和财富水平的降低，这也是在追求公平的过程中效率的损失。在不对效率做任何要求的条件下，以泰尔指数最小化为目标的优化模型最优解可能是收入分配和财富分布的均等化和较低的收入和财富水平，从“贫富分化”走向“共同贫穷”，这显然并不是理想的状态。因此，以收入和财富差距最低为目标的优化模型中有必要对收入和财富应该达到的最低水平进行约束，保证公平与效率的协调。本书中选择对收入和财富的平均水平进行变动幅度的约束，要求缩小收入和财富差距的同时对效率的损失在 20% 之内，即优化结果中均衡的平均收入和平均财富水平不小于初始值的 80%，表达式为

$$\begin{aligned}\overline{y} &\geqslant 0.8\times\overline{y}^0\\ \overline{w} &\geqslant 0.8\times\overline{w}^0\end{aligned}\tag{6-7}$$

（2）收入调整幅度的约束。模型所求解的收入分配策略是在现状基础上的优化，考虑到最优解的可行性，求解过程中需要对各组收入的调整幅度进行约束。这一方面是由于收入的分配并不是独立进行的，一个经济体中经济运行成果的分配与经济制度、产业发展、税收政策、社会结构等基本社会特征息息相关，全社会的收入分配结构就是在这些因素的共同作用下长期累积形成的，或者说收入分配状况具有一定的“黏性”，收入分配的调整是一个循序渐进的过程。特别是在市场经济环境下，收入分配政策对个体或家庭收入水平的作用是有限的。另一方面，对收入分配的调整要考虑收入变动对家庭、个人生活的冲击以及对社会秩序、社会心态稳定的影响，也不适宜进行过大幅度的调整。因此，本书的优化中对各组收入的变动幅度进行约束，要求各组收入的提高或者降低幅度在初始值的 50% 以内，表达式为

$$0.5\times y_i^0\leqslant y_i\leqslant 1.5\times y_i^0\tag{6-8}$$

（3）收入差距的约束。本书研究的主题是财富分布差距最小化下的收入分配策略，所以优化模型的目标函数设为财富的泰尔指数，希望寻求能够达到最低财富分布差距程度的收入分配策略。但是在财富分布差距最小化的目标之下也应该保证收入差距的合理性，以财富分布为目标的优化求解中可能无法实现收入泰尔指数的最小化，但是应该对收入差距有基本的控制，保证收入分配状况不会恶

化。这里对收入泰尔指数的约束是不能大于初始值，保证优化结果中收入泰尔指数小于或等于初始状态，表达式为

$$y_{\text{theil}} \leqslant y_{\text{theil}}^{\;0} \tag{6-9}$$

（4）宏观经济变量约束。在将影响家庭收入、财富的宏观经济变量作为可变变量，通过对宏观经济变量的优化来实现各组收入的调节以及最终财富分布的变化时，需要对一系列的宏观经济变量的取值范围进行约束。这里对宏观经济变量进行约束的范围是综合经济运行状况、国家政策调整、政府的相关报告、公告等信息，对经济变量的变动幅度和取值范围进行设定，表达式为

$$c_1 \leqslant Z \leqslant c_2 \tag{6-10}$$

其中，Z 代表一系列的经济变量，c_1 和 c_2 分别为其约束下限和约束上限，c_1 和 c_2 的具体取值将在优化过程中进行详细讨论。

6.3 基于收入调整的财富分布优化模拟

前面两节内容根据财富分布优化的基本思想构建了多目标规划模型，在此基础上可以根据实际数据进行财富分布的实际优化测算。本书对财富分布的优化测算分两个层次，一是基于收入调节的财富分布优化，此时不考虑宏观经济变量及其对收入和财富的影响，通过各组收入的变动来实现财富分布的优化，探究怎样的收入分配状况下能够实现财富分布差距的最小化；二是考虑外部预期的财富分布优化，通过经济变量的变动来实现收入分配的合理化以及财富分配差距的降低，探究外部经济变量如何变动能够实现财富分布的最小化。

本小节首先对第一层次的优化进行实际模拟。

6.3.1 约束条件的实际设定

多目标规划模型的实际优化是以实际数据为初始值，对上文建立的理论模型进行优化求解。基于收入调整的财富分布优化中，需要的初始值包括根据收入区间进行分组下各组的平均收入（$y_1, y_2, \cdots, y_{10}$）、平均财富（$w_1, w_2, \cdots, w_{10}$）、家庭数比重（$p_1, p_2, \cdots, p_{10}$）以及收入和财富的组内泰尔指数（$T_1^y, T_2^y, \cdots, T_{10}^y$；$T_1^w, T_2^w, \cdots, T_{10}^w$）。本书根据 CFPS 调查数据计算优化模型的初始值进行财富分布的优化，分别对 2010 年、2012 年、2014 年和 2016 年的最优财富泰尔指数进行实际的优化测算，4 个年度优化的初始值详见附表 2。

从理论模型到可以进行优化求解的实际模型需要将初始值代入，除了基本变量的初始值外，还包括根据初始值计算的约束条件和未知参数。

1. 约束条件的设定

优化模型中变量之间的关系约束来源于计量模型的估计，每个年份的估计系数是相同的，而对变量取值范围的约束则大多与初始值有关，财富分布的实际优化中需要首先根据初始值设定变量的约束范围，包括收入均值、财富均值的约束，分组收入调整幅度的约束和收入泰尔指数的约束。

（1）平均收入和财富水平的约束。平均收入和财富水平的约束是为了保证不平等程度的优化不会造成整体收入和财富水平的过分降低，本书对平均收入和财富水平的约束是要求优化结果中均衡的平均收入和平均财富水平不小于初始值的 80%，具体约束值如表 6–1 所示。

表 6-1　财富分布优化中收入水平和财富水平的约束下限　　　　单位：元

	2010 年	2012 年	2014 年	2016 年
收入水平初始值	39145	50917	57724	76116
收入水平约束下限	31316	40734	46179	60893
财富水平初始值	349867	395989	450301	578353
财富水平约束下限	279894	316791	360240	462683

（2）收入调整幅度的约束。对收入调整幅度的约束是为了保证优化结果中收入分配策略或者说收入调整政策的可行性，本书要求各组收入的提高或者降低幅度在初始值的 50% 以内，具体约束值如表 6-2 所示。

表 6-2　分组收入的约束范围　　　　单位：元

时间	项目	1 组	2 组	3 组	4 组	5 组	6 组	7 组	8 组	9 组	10 组
2010 年	初始值	3047	8152	12995	17697	23221	29240	36803	47890	65987	146387
	约束下限	1524	4076	6498	8848	11611	14620	18401	23945	32993	73193
	约束上限	4571	12228	19493	26545	34832	43861	55204	71835	98980	219580
2012 年	初始值	2306	8340	16322	23880	31427	40317	50712	64674	86676	184514
	约束下限	1153	4170	8161	11940	15713	20159	25356	32337	43338	92257
	约束上限	3459	12510	24483	35821	47140	60476	76067	97011	130015	276770
2014 年	初始值	2551	9226	18443	27092	35427	44842	55753	69382	92011	222394
	约束下限	1275	4613	9222	13546	17713	22421	27877	34691	46005	111197
	约束上限	3826	13839	27665	40639	53140	67264	83630	104073	138016	333590
2016 年	初始值	5809	16222	26263	34535	44467	54634	66983	85047	111456	315528
	约束下限	2904	8111	13131	17268	22233	27317	33491	42524	55728	157764
	约束上限	8713	24333	39394	51803	66700	81951	100474	127571	167184	473293

（3）收入差距的约束。以财富泰尔指数最小为目标的优化中对收入泰尔指数的要求是不能大于初始值，收入分配状况不能恶化，收入泰尔指数的初始值即为其约束上限，如表 6–3 所示。

表 6–3　财富分布优化中收入泰尔指数的约束上限

指数	2010 年	2012 年	2014 年	2016 年
收入泰尔指数初始值（约束上限）	0.50502	0.50375	0.62607	0.66528

2. 估计方程中的固定影响

在优化模型的逻辑表达式中，式（4）~式（8）是包含残差项的估计式，在实际优化中需要根据初始值计算模型中核心解释变量以外的部分，即 e_{1i}、e_{2i}、e_3、e_4，将其作为固定因素代入实际优化模型中，计算公式为

$$
\begin{aligned}
e_{1i} &= w_i^{\ 0} - \alpha_i y_i^{\ 0} \\
e_{2i} &= y_i^{\ 0} - \beta_i w_i^{\ 0} \\
e_3 &= \overline{w}^0 - 118527 w_{\text{theil}}^0 \\
e_4 &= \overline{y}^0 - 44849 y_{\text{theil}}^0
\end{aligned}
\qquad (6\text{–}10)
$$

其中，i=1,2,⋯,10，各组回归式中的 α_i、β_i 取值详见附表 1。

6.3.2　基于收入调整的财富分布优化求解

综上，可以得到实际优化模型的具体表达式，以 2016 年为例，实际优化模型的表达式为

$$\min\ w_{\text{theil}}=\frac{1}{10}\sum_{i=1}^{10}\frac{w_i}{\overline{w}}T_i^w+\frac{1}{10}\sum_{i=1}^{10}\frac{w_i}{\overline{w}}\ln\frac{w_i}{\overline{w}}$$

s.t.

$$\begin{cases}(1):\overline{w}=\dfrac{1}{10}\sum_{i=1}^{10}w_i\\(2):y_{\text{theil}}=\dfrac{1}{10}\sum_{i=1}^{10}\dfrac{y_i}{\overline{y}}T_i^w+\dfrac{1}{10}\sum_{i=1}^{10}\dfrac{y_i}{\overline{y}}\ln\dfrac{y_i}{\overline{y}}\leqslant 0.6653\\(3):\overline{y}=\dfrac{1}{10}\sum_{i=1}^{10}y_i\\(4)\sim(13):w_i=\alpha_i y_i+e_{1i}\\(14)\sim(23):y_i=\beta_i w_i+e_{2i}\\(24):578353\leqslant\overline{w}\leqslant 118527w_{\text{theil}}+453348\\(25):60893\leqslant\overline{y}\leqslant 44849y_{\text{theil}}+46278\\(26):y_1\leqslant y_2\leqslant y_3\leqslant y_4\leqslant y_5\leqslant y_6\leqslant y_7\leqslant y_8\leqslant y_9\leqslant y_{10}\\(27)-(36):c_{1i}\leqslant y_i\leqslant c_{2i}\end{cases}\qquad(6\text{–}11)$$

其中，式（4）~式（23）的影响系数α_i、β_i的具体取值详见附表 1，是对分组收入的调节引起分组财富的变化并进一步反作用于家庭收入的结果，e_{1i}和e_{2i}根据式（6）~式（10）计算得到，优化求解就是在这种相互作用中寻找一个均衡状态。式（27）~式（36）中各组收入的上限和下限c_{1i}、c_{2i}的取值详见表 6–12。类似的，根据 2010 年、2012 年和 2014 年的实际数据，也可以得到其实际模型，进行财富分布的优化求解。

本书分别根据 2010—2016 年的 CFPS 调查数据进行了财富分布的优化求解。基于收入调节的财富分布优化中，可变变量是分组的收入水平，优化求解过程就是通过分组收入在约束范围内的变动来逼近财富泰尔指数的最小值，得到在既定的经济水平和发展状态下，财富泰尔指数最小时所要求的收入分配状态和财富、收入泰尔指数的优化值。

6.3.3　优化结果分析

1. 财富分布和收入差距的优化结果

根据上文的模型设定和求解，本小节对优化结果进行具体分析。4 个年份财富泰尔指数的优化结果如表 6-4 所示。

表 6-4　财富泰尔指数目标规划模型的实际优化结果

模型项目	2010 年	2012 年	2014 年	2016 年
财富泰尔指数初始值	1.0132	0.8850	0.8462	1.0547
财富泰尔指数优化值	0.9582	0.8295	0.7825	0.9720
优化幅度	0.0549	0.0555	0.0636	0.0827
平均财富初始值（元）	349867	395989	450301	578353
平均财富优化值（元）	341201	374427	439801	550633
优化幅度（%）	−2.48	−5.45	−2.33	−4.79

2010—2014 年，我国居民家庭财富分布差距存在下降的趋势，到 2016 年重新回升，泰尔指数达到 1.0547。在以财富泰尔指数最小为目标对家庭收入进行调节时得到的各年份最低的泰尔指数也符合这一趋势。优化模型通过对各组收入的调节实现了财富泰尔指数约 0.0549 ~ 0.0827 的优化，说明通过收入分配政策实现财富分布的调节是现实可行的，收入调整过程中注重对财富分布的影响也是必要的。同时，财富分化程度的缩小也造成了平均财富水平一定幅度的下降，这是调整过程中公平与效率的妥协。2010—2016 年，多目标规划模型的最优解对财富泰尔指数的优化幅度是逐渐增大的，一定程度上可以说明家庭收入和财富关联性越来越强，也表明通过收入的合理调节对应改善财富分布状况越来越重要。

从收入的角度来看，以财富分布最低为目标的调整同时也实现了收入差距的缩小，以及整体收入水平的下降，结果如表 6-5 所示，表明收入差距和财富分布差距是大体上是同步变动的。

表 6-5　目标规划模型的收入差距和平均收入优化结果

收入	2010 年	2012 年	2014 年	2016 年
收入泰尔指数初始值	0.5050	0.5038	0.6261	0.6653
收入泰尔指数优化值	0.4870	0.4739	0.6018	0.6267
优化幅度	0.0181	0.0299	0.0243	0.0386
平均收入初始值（元）	39145	50917	57724	76116
平均收入优化值（元）	38335	49576	56636	74386
优化幅度（%）	−2.07	−2.63	−1.89	−2.27

2. 收入调整要求分析

基于收入调整的财富分布优化测算解决的问题是如何对各组收入进行调整能够达到最低的财富泰尔指数，上文通过对优化模型求解给出了财富泰尔指数的优化结果，本小节将对财富泰尔指数最低时所对应的收入分布和收入调整政策进行分析，明确现实中为了缩小财富分布差距应该如何进行收入的调节。表 6-6 列出了各年度优化前后的分组平均收入，可以看到实现最低的财富泰尔指数应该在实际收入分布基础上对分组收入进行怎样的调整。

表 6-6　目标规划模型的分组收入优化结果　　单位：元

组别	2010 年		2012 年		2014 年		2016 年	
	初始值	优化值	初始值	优化值	初始值	优化值	初始值	优化值
1 组	3047	4119	2306	3459	2551	3826	5809	8713
2 组	8152	4119	8340	8101	9226	4613	16222	8713
3 组	12995	6498	16322	15658	18443	10640	26263	22465
4 组	17697	26545	23880	28654	27092	40639	34535	51803
5 组	23221	33635	31427	29089	35427	41780	44467	66700
6 组	29240	43861	40317	55558	44842	67264	54634	77310
7 组	36803	49249	50712	55558	55753	76038	66983	77310
8 组	47890	49249	64674	55558	69382	76038	85047	77310
9 组	65987	49249	86676	61291	92011	76038	111456	77310
10 组	146387	73193	184514	92257	222394	111197	315528	157764

要实现满足各项约束条件下最低的财富泰尔指数，对各组收入调整的基本思路是对最低收入组和最高收入组的收入水平分别进行大力提高和限制，同时对中部各组进行适当的调整，形成了 1 组 ~ 5 组逐步提高存在一定差距的较低阶层，6 ~ 9 组较为接近的中间阶层，和第 10 组的最高阶层，第 10 组为富裕阶层。由于 1 组 ~ 3 组家庭收入对财富水平的影响比较微弱，以财富泰尔指数最小为目标的收入调整政策中对这些家庭的收入调整幅度有限，甚至要求对第 2 组、第 3 组进行一定程度的下调；此外，中等收入组的家庭收入需要得到不同程度的提高；除了对最高收入组进行最大限度的限制外，收入水平较高的第 8 组、第 9 组也需要进行不同程度的限制，形成收入水平较为接近的中等收入阶层。总体来看，财富泰尔指数最小化的收入调整政策要求对收入水平居中的 4 组 ~ 7 组家庭进行收入的提高，促进他们进行财富的积累，壮大中等收入群体，进而实现家庭财富的合理分布。

3. 与收入差距最小化目标下的对比

根据上文的优化结果，以财富分布差距的最小化为目标进行收入调整时，收入分配的泰尔指数也得到了降低，但这并不是约束条件内最低的收入差距程度。那么如果多目标规划模型以家庭收入的泰尔指数作为总目标，收入分配和财富分布能得到怎样的优化？此时的收入调整策略与以财富泰尔指数为目标时要求的调整策略有什么不同？我们对各年份的多目标规划模型进行了以收入泰尔指数最小化为目标的优化求解，对两组模型的优化结果进行对比，探究以收入差距最小化为目标时，收入调整策略的特点。此时多目标规划模型变量间的逻辑关系、约束条件以及可变变量都完全一致，只是将目标函数替换为收入的泰尔指数，优化结果的对比如表 6–7 所示。

表 6-7 财富分布和收入差距目标下的优化结果对比 单位：元

分组	2010 年		2012 年		2014 年		2016 年	
	财富泰尔指数最小化	收入泰尔指数最小化	财富泰尔指数最小化	收入泰尔指数最小化	财富泰尔指数最小化	收入泰尔指数最小化	财富泰尔指数最小化	收入泰尔指数最小化
1 组	4119	4571	3459	3459	3826	3826	8713	8713
2 组	4119	11168	8101	12510	4613	13216	8713	8713
3 组	6498	11168	15658	15054	10640	13216	22465	39394
4 组	26545	18800	28654	25536	40639	32370	51803	51803
5 组	33635	18800	29089	25536	41780	32370	66700	60244
6 组	43861	33776	55558	50447	67264	59531	77310	60244
7 组	49249	33776	55558	50447	76038	59531	77310	60244
8 组	49249	33776	55558	50447	76038	59531	77310	60244
9 组	49249	41085	61291	58917	76038	66870	77310	60244
10 组	73193	73193	92257	92257	111197	111197	157764	157764

根据两组优化结果的对比，可以发现在不同的目标函数之下，具体的收入调整策略是存在差异的。首先，无论以财富还是收入的泰尔指数最小化为目标，都需要对最高收入组进行最大程度的限制，这是毫无疑问的，而对中、低收入组来讲，则存在调整策略上的差异。以收入泰尔指数为目标时，收入调整政策要求对低收入家庭采取更多的收入提高措施，特别是收入水平处于较低 30% 的家庭组，各年份的优化结果均高于收入泰尔指数最小化时的优化值；而以财富泰尔指数为目标时，更加注重中等收入群体收入的改善，中等收入组的优化结果很多都高于收入差距最小时的优化值。与短期的收入差距调节相比，要实现长期财富分布差距的缩小需要对中等收入家庭的更多扶持，为中产阶级的壮大提供条件，促进财富分布的逐渐合理化。

6.4　基于宏观经济因素的财富分布优化模拟

上文基于收入调整的财富分布优化测算中不考虑外部经济社会的发展变化对各阶层家庭收入、财富的影响，讨论的是在既定的经济社会发展状况下实施怎样的收入调整政策，即对各阶层家庭收入进行怎样的外部调整能够实现财富分布差距的缩小。事实上，居民家庭获得收入是经济活动的重要一环，家庭收入的高低是受到很多经济指标影响的，财富积累亦如此。所以，除了直接动用收入分配手段进行家庭收入的调整以外，还可以将家庭收入、储蓄、财富内生化，从收入、储蓄和财富的影响因素出发，讨论这些因素怎样的发展和变化能够带来财富分布差距的缩小，本小节将进行外部经济指标变动下财富分布的优化测算。

6.4.1　宏观经济因素的约束设定

考虑外部预期的财富分布优化测算过程是将各组家庭的平均收入、储蓄和财富内生化，通过改变外部影响因素来实现其变化和财富分布的优化，所以模型中的可变变量是影响家庭收入、储蓄和财富的外生变量。这里的实际优化是在 2016 年数据的基础上，对相关影响因素的变化进行预测，通过优化求解明确这些影响因素怎样的发展变化有利于实现财富泰尔指数的最小化。在实际构建优化模型时，除了原有的约束条件外，还需要对这些因素的取值范围进行约束。

根据第 5 章的实证分析，影响居民家庭收入的宏观因素包括地区人均 GDP（gdp）、地区人均受教育年限（edu）、地区城镇化率（urban），影响家庭财富水平的宏观因素为地区的房价水平（hprice），我们需要根据历史数据和发展规划对这些变量的约束范围进行设定。

1. 人均 GDP

根据《中国国民经济和社会发展第十三个五年规划》(以下简称《十三五规划》),我国要在 2020 年实现国内生产总值和人均收入比 2010 年翻一番,GDP 的年均增长率应该达到 6.5% 以上。2010 年以来,我国 GDP 的增长率存在下降趋势,但保持在 6.7% 以上。人均 GDP 的增长率基本保持与 GDP 相同的趋势,根据 2010 年以来的增长数据(如表 6-8 所示),我们将 2017 年人均 GDP 增长率的范围设定为 6% ~ 6.5%,人均 GDP 的约束上限和下限分别为 57440 元和 57171 元。这里的约束上限和下限为 2016 年价格水平,不包含价格变动的因素。

表 6-8　2010—2016 年人均 GDP 和人均 GDP 指数

项目	2010 年	2011 年	2012 年	2013 年	2014 年	2015 年	2016 年
人均 GDP(元)	30876	36403	40007	43852	47203	50251	53935
人均 GDP 指数(%)	110.1	109.0	107.3	107.2	106.8	106.4	106.1

2. 人均受教育水平

《国民经济和社会发展第十三个五年规划纲要》要求我国教育现代化取得重要进展,劳动年龄人口的受教育年限取得明显增加,由 2015 年的 10.23 年增加到 10.80 年,平均每年应该得到 0.11 年的提高。本书使用的教育水平指标是 6 岁以上人口的平均受教育年限,根据每年的人口抽样调查数据计算而来,2015 年和 2016 年的人均受教育年限分别为 9.127 年和 9.131 年,增长仅为 0.004 年。为了实现《国民经济和社会发展第十三个五年规划纲要》的要求,2017 年的人均受教育年限应该得到较大提高,将其增长设定为 0.110 ~ 0.200 年,约束上限和下限分别为 9.331 年和 9.241 年。

3. 城市化率

我国在 2011 年已经实现了常住人口城镇化率超过 50%,2011 年以来城市化水平也在稳步提升，每年提高 1 ~ 1.3 个百分点。2016 年我国的常住人口城镇化率为 57.35%，本书将 2017 年城镇化率的增长幅度设为 1% ~ 1.3%，上限和下限分别为 58.65% 和 58.35%。

4. 房价水平

房价的增长是关系国计民生的重要因素，2010 年以来我国的商品房平均销售价格都保持约 7% ~ 8% 的增长，2014 年出现 1.39% 的小幅增长，到 2015—2016 年又出现回升（如表 6-9 所示）。房价多年的连续上涨已经成为很多普通家庭的不可承受之重，国家也多次出台限购、限售、限贷等政策遏制房价的过快上涨，未来房地产市场可能面临更多的下行压力。但是房地产市场对经济发展的作用也不容小觑，在市场规律的作用下，住房价格的变动存在较多的不确定性。所以这里对房价水平设定范围宽泛，将其增长幅度设定为 1% ~ 10%，上限和下限分别为 8224 元 / 平方米和 7542 元 / 平方米。

表 6-9　历年商品房平均销售价格和增长率

项目	2010 年	2011 年	2012 年	2013 年	2014 年	2015 年	2016 年
住房价格（元 / 平方米）	5032	5357.1	5790.99	6237	6324	6793	7476
增长率（%）	107.50	106.46	108.10	107.70	101.39	107.42	110.05

综上，本书考虑外部预期的财富分布优化测算中对各项外部因素的约束范围如表 6-10 所示，对财富分布的优化测算将要求各项指标在其约束范围内变动。

表 6-10　家庭收入和财富影响因素的约束范围

收入变化情况	受教育年限（年）	人均 GDP（元）	城市化率（%）	住房价格（元 / 平方米）
2016 年实际值	9.13	53935	57.35	7476
变动幅度	增长 0.11 ~ 0.2 年	增长 6% ~ 6.5%	提高 1% ~ 1.3%	增长 1% ~ 10%
约束上限	9.33	57440	58.65	8224
约束下限	9.24	57171	58.35	7542

6.4.2 基于宏观经济因素的财富分布的优化求解

实际的财富分布优化测算中，考虑外部预期的优化与基于收入调节的优化区别在于模型中要考虑影响家庭收入和财富的宏观影响因素，一是分组收入方程和分组财富方程中不再将宏观因素视为固定影响，而是将他们作为优化模型的可变变量，通过他们取值的变动来实现分组收入、财富及财富分布的变化；二是收入差距和财富分布对他们整体均值的约束方程中，也不再把自变量中的宏观经济变量视为固定影响，要同时考虑到他们的变化对收入和财富整体均值的约束。以2016年的实际数据为基础，考虑外部预期的财富分布实际优化模型的表达式可以表述为

$$\min w_{\text{theil}}=\frac{1}{10}\sum_{i=1}^{10}\frac{w_i}{\overline{w}}T_i^w+\frac{1}{10}\sum_{i=1}^{10}\frac{w_i}{\overline{w}}\ln\frac{w_i}{\overline{w}}$$

s.t.

$$\begin{cases}(1):\overline{w}=\dfrac{1}{10}\sum\limits_{i=1}^{10}w_i\\(2):y_{\text{theil}}=\dfrac{1}{10}\sum\limits_{i=1}^{10}\dfrac{y_i}{\overline{y}}T_i^y+\dfrac{1}{10}\sum\limits_{i=1}^{10}\dfrac{y_i}{\overline{y}}\ln\dfrac{y_i}{\overline{y}}\leqslant 0.6653\\(3):\overline{y}=\dfrac{1}{10}\sum\limits_{i=1}^{10}y_i\\(4)\sim(13):w_i=\beta_i y_i+\varphi_{1i}\text{hprice}+e_{1i}\\(14)\sim(23):y_i=\gamma_i w_i+\varphi_{2i}\text{edu}+\varphi_{3i}\text{gdp}+\varphi_{4i}\text{urban}+e_{2i}\\(24):468633\leqslant\overline{w}\leqslant 118527w_{\text{theil}}+2.87\text{gdp}+69.75\text{hprice}-21814.3\\(25):60873\leqslant\overline{y}\leqslant 44849y_{\text{theil}}+1.37\text{gdp}+7.96\text{urban}+9.13\text{edu}-30733.61\\(26):57171\leqslant\text{gdp}\leqslant 57440\\(27):7849\leqslant\text{hprice}\leqslant 8224\\(28):58.35\leqslant\text{urban}\leqslant 59.65\\(29):9.24\leqslant\text{edu}\leqslant 9.27\end{cases}\quad(6\text{-}12)$$

该模型中，目标函数和式（1）～式（3）从分组家庭信息到整体泰尔指数、平

均水平的计算与理论模型和基于收入调节的优化模型完全一致。式（4）~式（23）中的分组收入和财富方程为 6.2 节实证模型的完整形式，同时考虑家庭收入、财富之间的联立关系以及宏观经济变量对他们的作用，式中的固定影响 e_{1i}、e_{2i} 仅包括方程的截距项和残差项，根据 2016 年 CFPS 调查数据和实际宏观变量计算而来

$$
\begin{aligned}
e_{1i} &= w_i - \beta_i y_i - \varphi_{i1}\,\text{hprice} \\
e_{2i} &= y_i - \gamma_i w_i - \varphi_{2i}\,\text{edu} - \varphi_{3i}\text{gdp} - \varphi_{4i}\text{urban}
\end{aligned}
\qquad (6\text{–}13)
$$

其中，i=1,2,⋯,10，代表 10 个分组的计算，α_i、β_i 以及 φ_{1i}、φ_{2i}、φ_{3i} 和 φ_{4i} 的具体取值见附表 1。类似的，式（24）和式（25）的平均财富和收入的约束方程也是 6.3 节实证模型的完整形式，考虑宏观经济变量对平均收入和财富的作用，约束条件中的固定影响部分仅包括模型的截距项和残差项，根据 2016 年的实际数据计算而来。

对模型变量的取值范围约束中，收入泰尔指数的上限、收入和财富平均水平的下限与 6.3 中一致，仍然根据 2016 年实际数据进行约束。由于优化模型的可变变量不再是分组的收入水平，这里的实际优化中不再需要对分组收入的取值范围和逻辑关系进行约束，各组的收入和财富水平是随着宏观经济变量变化的。而作为可变变量的宏观经济变量需要进行取值范围的约束，如式（26）~式（29）所示。

根据以上实际模型，可以对最低的财富泰尔指数进行优化测算，以 2016 年的实际数据为初始值，通过对宏观经济变量取值的变动和多次迭代，求解财富泰尔指数取得最小值时的最优解。

6.4.3　优化结果分析

1. 财富分布和收入差距的优化结果

对上文的多目标规划模型进行实际优化求解可以得到满足所有约束条件的最

低财富分布程度，从表 6-11 的优化结果中可以看到，在不考虑收入分配政策，不对各阶层收入进行特定调整的情况下，宏观经济指标的发展变化也可以带来财富和收入分布差距。

表 6-11　财富分布和收入差距的优化结果

项目	财富泰尔指数	收入泰尔指数	平均财富（元）	平均收入（元）
初始值	1.0547	0.6653	578353	76116
优化值	1.0363	0.6561	596313	78508
优化幅度	0.0184	0.0092	3.11%	3.14%

在本书对变量间关系以及经济变量取值范围的约束下，家庭财富的泰尔指数最低可以达到 1.0363，相比初始值缩小 0.0184；同时家庭收入的泰尔指数为 0.6561，也得到了 0.0092 的优化。也就是说在不进行特别的收入调整政策的情况下，通过宏观经济指标的合理发展可以实现收入差距和财富分布一定程度的优化。这个优化幅度要小于直接进行收入调整的结果，因为宏观经济指标的变化和涉及的后果更复杂，不仅要考虑不平等的降低，还要估计经济发展、产业结构、人口迁移等方方面面的问题，约束条件更加严格。

同时，总体的财富和收入水平分别得到 3.11% 和 3.14% 的增长。从分组收入和财富的优化结果可以看出，以财富泰尔指数最小为目标的外部经济变量发展大大提高了低收入组的财富水平。由表 6-12 可知，最低 10% 家庭的财富实现了约 11.52% 的增长，2 组 ~ 5 组家庭的财富增长也在 6% 以上，各组的财富增长速度基本是递减的，最高组的平均财富仅得到 1.26% 的提高，远低于平均增长速度。

表 6-12　收入和财富分配的优化结果

组别	财富			收入		
	初始值	优化值	优化幅度	初始值	优化值	优化幅度
1 组	106965	119292	11.52%	5809	6009	3.45%
2 组	187564	200805	7.06%	16222	16999	4.79%
3 组	185368	198157	6.90%	26263	27266	3.82%
4 组	278738	296459	6.36%	34535	35956	4.11%
5 组	276422	293662	6.24%	44467	46039	3.54%
6 组	377995	397955	5.28%	54634	57227	4.75%
7 组	518126	538897	4.01%	66983	69426	3.65%
8 组	650031	666814	2.58%	85047	88105	3.59%
9 组	934733	955180	2.19%	111456	115738	3.84%
10 组	2266114	2294652	1.26%	315528	322129	2.09%

2. 宏观经济指标的优化结果

考虑外部预期的财富分布优化解决的问题是外部经济环境怎样的发展和变化下，家庭财富分布的差距能够有所缩小，财富泰尔指数能够取得最小值。所以优化结果能够为现实中如何通过合理的经济发展方式实现不平等的缩小提供一些思路。表 6-13 列出了模型中涉及的宏观经济指标的优化结果与 2017 年实际取值的对比，可以看到各指标都存在一定的优化空间。

表 6-13　经济指标优化结果与实际数据的对比

项目	人均 GDP（元）	教育水平（年）	城镇化水平（%）	房价水平（元 / 平方米）
优化值	57436	9.24	58.41	7611
2017 年实际值	57225	9.27	58.52	7892
优化空间	211.25	−0.029	−0.106	−280.61

注：为了便于比较，人均GDP的实际值是用2016年的数据表示的。

四个指标中，表示经济水平的人均 GDP 的优化空间为正，财富分布达到最低程度的优化值大于 2017 年的实际人均 GDP 水平，也就是说我国的经济发展一定程度上是益贫的，更高的经济水平有利于财富分布的合理化，所以大力发展经济，提高人均 GDP 水平是改善财富分布的重要举措。

国民教育的发展和城镇化水平的提高是经济社会发展质量的重要体现，在经济社会的发展过程中必然要努力提高国民的受教育程度和城镇化水平。但是根据实际的优化结果，财富泰尔指数最小时教育水平和城镇化水平的优化值是比较小的，小于 2017 年的实际值，实际发展中教育水平和城镇化水平的提高速度稍快于能够使财富泰尔指数最小时的状态。也就是说目前教育水平和城镇化发展的关键在质不在量，一是教育的发展要更加注重基础教育和底层家庭的教育获得，通过教育投入和支持改善底层家庭的收入和财富状况，降低底层与中高层家庭之间的差距；二是城市化发展过程中要注重底层家庭的利益，减少城市化带来的不平等扩大。

商品房价格水平主要对家庭财富产生影响，也存在较大的优化空间，财富泰尔指数最小时对应的优化值要低于 2017 年的实际值。现实中住房价格的上涨还是过快的，为实现财富分布的优化应该持续控制住房价格的上涨速度。

6.5 本章小结

本章是全文研究的落脚点，在收入差距与财富分布之间作用关系及其量化的基础上，构建通过收入分配手段进行财富分布优化的多目标规划模型，并通过优化求解实际测算了收入分配政策对财富分布的改进以及优化状态下各指标的实际取值。本章的主要内容和结论可以归纳如下。

（1）本章首先对财富分布优化的思路和目标进行了阐述，财富分布优化的总思路是在收入与财富作用关系的基础上，通过对收入的调节来实现财富分布的降低，旨在寻求能够满足各项约束的最低财富泰尔指数及其要求的分组收入状况。

这里的约束包括收入差距的优化中公平与效率的协调、家庭财富对收入的反作用，以及最优收入调整策略的合理性与可行性。

（2）根据财富分布的优化思路，本章以本书第 4 章构建的家庭收入、财富以及收入差距、财富分布之间的关联模型为基础，构建了财富分布优化的多目标规划模型。该模型将 CFPS 实际调查数据作为初始值，以财富泰尔指数的最小化为目标函数，将变量之间的影响关系以及优化思路中的各项要求以约束条件的形式加入模型中，探究各组收入的变动如何通过影响家庭储蓄、财富并形成收入差距、财富分布的变化，在多次迭代中逼近财富泰尔指数的最小值。

（3）实际的优化测算中首先进行了基于收入调节的财富分布优化，此时不考虑系统外部因素的影响，直接通过各组收入的变动来实现财富泰尔指数的降低。本书基于 CFPS 数据分别进行了 2010 年、2012 年、2014 年和 2016 年的优化测算，优化结果显示在合理的收入分配调整之下，各年份的财富泰尔指数都得到了一定程度的降低。这里合理的收入分配政策需要对最低、最高收入组的家庭收入分布进行最大程度地提高和限制，同时对中等收入家庭进行适当调节。与以收入泰尔指数最低为目标的调节政策相比，财富的均等分布更加要求中产阶级的壮大，要求收入水平约 60% ~ 90% 位置的中等收入群体能够获得更高的收入。

（4）本章还进行了考虑外部预期的财富分布实际优化，考察家庭财富的宏观影响因素如何变动能够达到最低的财富泰尔指数。优化结果显示在不对收入进行特别调整的情况下，宏观经济变量的合理优化也能够实现收入差距和财富差距的缩小。优化结果与 2017 年实际发展状况的对比显示，要实现财富分布程度的降低应该继续大力发展经济，提高经济水平，同时持续控制房价的上涨；另外，在教育和城镇化的发展过程中，应该注重对底层家庭的保护，注重底层家庭的利益获得和财富增长。

第 7 章　结论和对策建议

7.1　研究结论

1. 家庭财富和收入分布之间存在复杂的联系

从家庭财富与收入的互动关系出发，可以推导到收入差距与财富分布之间的关联性，本书根据实际情况对二者相互作用的路径进行了分析和阐述。收入差距对财富分布的作用路径一是造成储蓄差异并带来财富积累过程中的差异，二是造成房产拥有的差距以及财富增值的差异；财富分布对收入差距的作用首先体现在对分配秩序的影响，其次是对收入获得的影响，包括直接形成财产性收入和间接作用于劳动收入。

通过对我国家庭调查中收入与财富数据的分析，可知我国家庭之间的财富分布的差距要远大于收入差距，且二者在变动趋势上也存在差异。家庭层面收入和财富存在一定程度的不同步，各项财富中，只有金融资产是向高收入家庭集中的，其他财富的集中率都低于收入基尼系数，但占总财富比重很大的房产净值的集中率连续提高，出现越来越向高收入家庭集中的趋势。同时收入构成中工资性收入作为家庭收入中占比超过一半的部分也存在集中率连续提高的趋势，逐渐从低财富家庭向高财富家庭转移。这些结果一定程度上说明家庭收入与财富的关联性在加强，对收入差距和财富分布关联性的研究非常有意义。

2. 收入差距和财富分布存在相互加强的作用关系

通过收入差距与财富分布关联模型的构建和参数估计实现了收入差距与财富分布之间作用关系的量化。

家庭收入对财富的积累作用主要体现在中、高收入家庭中，低收入家庭很难通过储蓄实现财富的积累；收入越高的家庭组，家庭收入对财富水平的影响系数也越大。在这样的作用结构下，家庭之间收入差距的扩大会带来更大程度的财富分化，收入调整政策应当考虑到对财富分布的影响，特别是促进低收入家庭实现财富的积累。

与预期结果大相径庭的是，家庭财富对收入水平的影响系数仅仅在最高收入组显著为正，对大部分家庭来说，拥有的财富很难通过获得财产性收入来实现收入的增加，财富主要是作为对收入具有可替代性的经济资源影响家庭成员的劳动时间供给，人们在财富增加的情况下倾向于减少劳动时间，享受更多的闲暇时间，对收入存在负向影响。只有在收入和财富达到很高水平时，家庭财富通过形成财产性收入对总收入的正向影响才能够体现出来。因此，财富的高度集中导致财产性收入也高度集中于少数高财富家庭，一定程度上会增加收入的差距。

3. 财富差距和居民富裕程度之间存在公平与效率的冲突

宏观层面的回归分析表明家庭收入和财富的不平等程度对各自的平均水平都存在显著的正影响，即贫富差距，收入和财富的平均水平也越高。这一结论验证了分配过程中公平与效率的冲突，说明我国的收入和财富差距还未到达倒“U”曲线的顶点，收入和财富分配的差距虽然有损社会公平，但是是有利于资源有效配置和生产效率提高的，能够“做大蛋糕”，提高整体的收入和财富水平。在这样的现状下，收入差距和财富分布的调整就不能一味追求更低的不平等程度，应该考虑到分配均等化对整体收入和财富增长的制约，寻求公平和效率之间的协调。

4. 财富分布的优化需要着力提高中等收入组的收入水平

通过多目标规划模型的构建和求解，本书进行了以财富泰尔指数最小为目标时各组家庭收入调整政策的求解。根据 2010—2016 年四个年份的规划求解结果，在收入差距和财富分布的相互作用之下，能够满足收入差距不扩大等约束条件时，达到最小财富泰尔指数的收入分配政策需要对最高收入组的家庭收入分布进行最大程度的限制，同时对中等收入家庭进行适当调节。与收入差距最小化的目标相比，以财富分布差距的降低为目标时，需要更加重视中等收入组收入水平的提高，要求收入水平在 60% ~ 90% 位置的家庭能够获得更高的收入。

5. 当前宏观经济指标存在一定的优化空间

基于宏观经济因素对各组家庭收入和财富水平的不同作用，宏观经济的合理发展也能够作用于财富分布，实现财富分布的优化。根据优化结果与现实状况的对比，在我国当前发展状况下，应该继续大力发展经济，更高的经济水平有利于家庭财富分布差距的缩小；同时要持续控制房价的上涨速度，房价上涨对于加剧居民家庭房产财富差距的作用是显而易见的；另外，教育和城镇化水平的发展速度略快，教育的发展除了提高人均受教育年限外还更应该注重基础教育质量和教育公平，注重底层家庭的教育获得，城镇化的发展也应该注重发展质量，注重对底层家庭的保护，促进底层家庭的机会获得和财富积累。

7.2 对策建议

1. 增强收入初次分配环节的公平性，避免收入过度向资本倾斜

通常我们都认为初次分配重效率，再次分配重公平，而事实上在初次分配中也不能忽视公平问题。在初次分配的过程中要提高劳动要素的收入分配比重，更要健全劳动、资本、土地、知识等生产要素按贡献参与分配的初次分配机制，避免收入在初次分配中就过度倾斜于资本，形成资本所有者和劳动者之间巨大的收入差距。

2. 提高中等收入水平

本书的研究深入探讨了收入分配与家庭财富分布的关联关系，多目标规划模型的构建和求解也证明了可以通过收入分配政策的调整实现财富分布水平的降低。所以，应该注重收入分配政策中的财富分布目标，从收入分配领域进行财富分布的调节。以财富分布均等化为目标的收入分配政策除了要保障底层家庭的收入提高，促进其财富积累，并对顶层富裕家庭进行严格的收入限制外，最重要的是要适度提高中等收入家庭组的收入水平。中等收入群体不仅是维护社会稳定、拉动消费市场的主力军，更是促进家庭财富合理分布的重要力量。中等收入组的家庭具有一定的经济实力，更具备财富积累的动力和能力，这些家庭收入的提高对应增加中低收入家庭的财富积累、改善财富分布是非常重要的。优化方案的求解结果也表明以家庭财富分布最小化为目标的收入分配政策更注重中等收入群体的收入提高和财富积累。所以，调整经济结构，发展高端服务业与制造业，鼓励企业创新和竞争，提供更多的中高端就业机会对提高中等收入家庭的收入和财富水平、改善财富分布结构意义重大。

3. 多渠道增加居民财产性收入，降低财产性收入的差距

增加居民家庭的财产性收入对于保障民生、改善收入结构都具有十分重要的现实意义，从党的十七大报告的“创造条件让更多群众拥有财产性收入”、党的十八大报告的“多渠道增加居民财产性收入”到党的十九大报告的“拓宽居民财产性收入的渠道”，可见各方面对增加居民财产性收入的重视。家庭财富对收入的分组估计结果显示，家庭财富仅仅在最高收入组存在对收入的正向作用，说明大部分家庭并不能够通过拥有财富实现财产性收入的获得，我国获得财产性收入的渠道还不够健全。多渠道增加居民财产性收入首先需要完善我国的产权保护制度，健全居民获得财产性收入的制度，增加居民的财产财富安全感，形成全社会对财产长久受保护的良好预期。除了基础的制度保障，还需要深化金融改革，增加普通居民的投资渠道，比如加强金融产品和金融工具的创新、降低投资门槛，为居民家庭提供更加多元化的理财产品，使普通民众能够持有更多高收益的金融产品，分享企业成长收益，通过财产的投资获得更多财产性收入。

4. 着力改善低收入、低财富家庭的教育状况

劳动力在收入和财产分配过程中的地位取决于劳动者的能力和劳动质量，而能力和劳动质量很大程度上取决于教育的获得。教育水平的发展和教育资源向底层家庭的倾斜对于提高底层家庭劳动者的劳动能力、劳动质量，为底层家庭改善收入和财富状况提供更多机会至关重要。在教育的发展中应该注重教育资源向低收入、低财富家庭的倾斜，着力改善低收入、低财富家庭的教育状况。一方面是加强基础教育阶段资源的均等分布，保证底层家庭教育机会的同时也要保障基础教育的基本质量；另一方面是在高等教育扩招的过程中注重向底层家庭的倾斜，同时完善助学金、助学贷款制度，创造更多通过教育改善收入和财富状况的机会。

5. 深入城市化发展，为底层家庭创造更多的发展机会

本书的研究发现城市化水平的提高对应家庭间收入和财富的均等分布是有利的，城市化发展过程中低收入家庭收益更多，得到了收入水平更多的提高和财富水平的相应改善。未来的发展中要进一步深化城市化发展，提高城市化发展质量，为底层城市居民提供更多发展机会，通过城市的建设共享发展成果。特别是要持续给进城农民创造更多的工作岗位，让农民工不仅成为城市的建设者，更要融入城市发展，成为城市的新市民。要注重城市化过程中底层家庭的住房、交通、社会保障、教育资源等公共服务的提供，让进城农民工能够长期稳定地生活在城市，实现真正的城市化、市民化。

附　录

附表 1　面板联立方程的分组估计结果

方程		样本量	参数个数	chi2 统计量	*P* 值
收入方程		47898	31	3541.2	0.000
财富方程		47898	43	9739.86	0.000
方程类别		系数	标准差	*Z* 值	*P* 值
家庭财富	1 组	−0.228	0.048	−4.770	0.000
	2 组	−0.152	0.031	−4.860	0.000
	3 组	−0.176	0.028	−6.170	0.000
	4 组	−0.045	0.016	−2.760	0.006
	5 组	−0.054	0.017	−3.140	0.002
	6 组	−0.045	0.018	−2.570	0.010
	7 组	−0.049	0.012	−3.980	0.000
	8 组	−0.005	0.009	−0.520	0.602
	9 组	0.010	0.007	1.500	0.134
	10 组	0.075	0.004	18.230	0.000
经济水平	1 组	0.178	0.151	1.180	0.238
	2 组	0.100	0.149	0.670	0.501
	3 组	0.238	0.141	1.690	0.091
	4 组	0.025	0.137	0.180	0.858
	5 组	0.057	0.131	0.430	0.665
	6 组	0.423	0.152	2.780	0.005
	7 组	0.319	0.134	2.380	0.017
	8 组	0.298	0.140	2.120	0.034
	9 组	0.699	0.150	4.650	0.000
	10 组	0.893	0.192	4.660	0.000

续表

方程类别		系数	标准差	Z 值	P 值
地区教育水平	1 组	−5474.3	1071.9	−5.110	0.000
	2 组	−5311.1	1088.3	−4.880	0.000
	3 组	−3092.8	1036.3	−2.980	0.003
	4 组	−3724.0	1040.6	−3.580	0.000
	5 组	−1458.4	964.8	−1.510	0.131
	6 组	545.2	1009.8	0.540	0.589
	7 组	1704.9	942.8	1.810	0.071
	8 组	4686.4	879.1	5.330	0.000
	9 组	10483.4	832.8	12.590	0.000
	10 组	23674.4	1105.5	21.410	0.000
城镇化水平	1 组	2808.5	299.1	9.390	0.000
	2 组	2842.1	290.3	9.790	0.000
	3 组	2590.4	278.8	9.290	0.000
	4 组	2545.9	267.6	9.510	0.000
	5 组	2318.6	251.3	9.220	0.000
	6 组	1837.8	248.8	7.390	0.000
	7 组	2020.8	244.5	8.270	0.000
	8 组	1483.9	230.4	6.440	0.000
	9 组	437.0	224.1	1.950	0.051
	10 组	−1202.6	283.3	−4.240	0.000
家庭规模		−835.6	638.4	−1.310	0.191
家庭教育		632.2	158.5	3.990	0.000
年龄		122.6	119.1	1.030	0.303
常数项		−0.00011	404.0	0.000	1.000
财富类别		系数	标准差	Z 值	P 值
家庭收入水平	1 组	0.156	16.013	0.010	0.992
	2 组	0.135	4.638	0.760	0.448
	3 组	0.174	2.347	0.070	0.941
	4 组	2.875	1.594	1.800	0.071
	5 组	2.055	1.195	1.720	0.086
	6 组	2.698	0.995	2.710	0.007
	7 组	2.732	0.781	3.500	0.000
	8 组	1.417	0.624	2.270	0.023
	9 组	1.485	0.481	3.090	0.002
	10 组	3.205	0.296	10.820	0.000

续表

财富类别		系数	标准差	Z 值	P 值
房价水平	1 组	82.1	8.781	9.350	0.000
	2 组	89.1	8.207	10.860	0.000
	3 组	84.7	6.666	12.700	0.000
	4 组	78.7	5.757	13.670	0.000
	5 组	83.8	5.601	14.960	0.000
	6 组	72.9	5.613	12.980	0.000
	7 组	78.5	4.867	16.120	0.000
	8 组	85.4	4.598	18.580	0.000
	9 组	99.8	4.525	22.040	0.000
	10 组	98.5	5.196	18.970	0.000
年龄	1 组	−1496.7	1170.6	−1.280	0.201
	2 组	−939.4	1087.9	−0.860	0.388
	3 组	−1279.6	1091.8	−1.170	0.241
	4 组	−1697.2	1098.8	−1.540	0.122
	5 组	−2047.5	1114.0	−1.840	0.066
	6 组	−1408.2	1122.7	−1.250	0.210
	7 组	−2940.9	1138.5	−2.580	0.010
	8 组	−1473.7	1165.1	−1.260	0.206
	9 组	−3295.6	1175.8	−2.800	0.005
	10 组	−7411.4	1381.4	−5.370	0.000
家庭规模		15025.4	4878.1	3.080	0.002
常数项		0.001	3195.6	0.000	1.000

附表 2 各年份分组平均收入和财富水平 单位：元

组别	家庭收入水平				家庭财富水平			
	2010 年	2012 年	2014 年	2016 年	2010 年	2012 年	2014 年	2016 年
1 组	3047	2306	2551	5809	100343	140424	160838	106965
2 组	8152	8340	9226	16222	118197	163302	187322	187564
3 组	12995	16322	18443	26263	147205	204067	227605	185368
4 组	17697	23880	27092	34535	176106	274831	224015	278738
5 组	23221	31427	35427	44467	225765	287368	301694	276422
6 组	29240	40317	44842	54634	219515	292399	337502	377995
7 组	36803	50712	55753	66983	291021	383568	326681	518126
8 组	47890	64674	69382	85047	375559	432670	568628	650031

续表

组别	家庭收入水平				家庭财富水平			
	2010 年	2012 年	2014 年	2016 年	2010 年	2012 年	2014 年	2016 年
9 组	65987	86676	92011	111456	603554	552356	663729	934733
10 组	146387	184514	222394	315528	1241152	1228930	1504207	2266114

附表 3　各年份家庭收入和财富的组内泰尔指数

组别	家庭收入				家庭财富			
	2010 年	2012 年	2014 年	2016 年	2010 年	2012 年	2014 年	2016 年
1 组	0.1655	0.2019	0.1867	0.1279	0.9906	0.7349	0.8478	0.7644
2 组	0.0156	0.0346	0.0326	0.0227	0.8593	0.6664	0.7574	0.5545
3 组	0.0047	0.0110	0.0110	0.0077	0.7467	0.5551	0.5626	0.5219
4 组	0.0035	0.0035	0.0049	0.0046	0.6848	0.6255	0.5957	0.6400
5 组	0.0022	0.0026	0.0030	0.0035	0.7153	0.7157	0.6628	0.5383
6 组	0.0021	0.0024	0.0023	0.0026	0.5833	0.5414	0.5190	0.4822
7 组	0.0021	0.0022	0.0023	0.0025	0.5659	0.6908	0.4444	0.5494
8 组	0.0034	0.0027	0.0024	0.0028	0.6135	0.6133	0.5523	0.6535
9 组	0.0053	0.0047	0.0047	0.0048	0.8467	0.6048	0.5125	0.6462
10 组	0.2109	0.2123	0.4521	0.4706	0.6090	0.7225	0.5710	0.7081

参考文献

［1］ 白雪梅．教育与收入差距：中国的经验研究［J］．管理世界，2004（6）：53-58.

［2］ 陈国汉．个人收入与财富分配不平等的动态演化研究［D］．广州：暨南大学，2014.

［3］ 陈彦斌，陈伟泽，陈军，等．中国通货膨胀对财产不平等的影响［J］．经济研究，2013（8）：4-15.

［4］ 陈彦斌，霍震，陈军．灾难风险与中国城镇居民财产分布［J］．经济研究，2009（11）：144-158.

［5］ 陈彦斌，邱哲圣．高房价如何影响居民储蓄率和财产不平等［J］．经济研究，2011（10）：25-38.

［6］ 陈彦斌．中国城乡财富分布的比较分析［J］．金融研究，2008（12）：87-100.

［7］ 陈钊，万广华，陆铭．行业间不平等：日益重要的城镇收入差距成因——基于回归方程的分解［J］．中国社会科学，2010（3）：65-76.

［8］ 迟巍，蔡许许．城市居民财产性收入与贫富差距的实证分析［J］．数量经济技术经济研究，2012（2）：100-112.

［9］ 迟巍，黎波，余秋梅．基于收入分布的收入差距扩大成因的分解［J］．数量经济技术经济研究，2008（9）：52-64.

［10］ 高艳平，王晶．有限样本条件下重复抽样建模方法研究［J］．统计与决策，2019，35（8）：22-25.

［11］ 韩文龙，陈航．我国转型期居民间财富差距问题的主要矛盾及新型财富分配制度构建［J］．政治经济学评论，2018（2）：84-105.

[12] 杭斌，修磊 . 收入差距、信贷约束与家庭消费 [J]. 统计研究，2016，33（8）：73-79.

[13] 何晓斌，夏凡 . 中国体制转型与城镇居民家庭财富分配差距——一个资产转换的视角 [J]. 经济研究，2012（2）：28-40.

[14] 胡祖光 . 基尼系数理论最佳值及其简易计算公式研究 [J]. 经济研究，2004(9)：60-69.

[15] 黄恒君 . 收入差距变迁特征的探索性分析——基于洛伦兹曲线的动态分解 [J]. 统计与信息论坛，2012，27（10）：25-29.

[16] 靳永爱，谢宇 . 中国城市家庭财富水平的影响因素研究 [J]. 劳动经济研究，2015（5）：3-27.

[17] 靳永爱，谢宇 . 中国家庭追踪调查 2012 年和 2010 年财产数据技术报告 [R]. 中国家庭追踪调查技术报告系列（CFPS-29）：16-18.

[18] 拉詹 . 断层线：全球经济潜在的危机 [M]. 刘念，蒋宗强，孙倩，刘开雄，译 . 北京：中信出版社，2011.

[19] 黎波，迟巍，余秋梅 . 一种新的收入差距研究的计量方法——基于分布函数的半参数化估计 [J]. 数量经济技术经济研究，2007，24（8）：119-129.

[20] 李宝瑜，李原，王晶 . 中国社会核算矩阵编制中的流量转移方法研究 [J]. 数量经济技术研究，2014,31（4）：68-82.

[21] 李立新，李宝瑜 . 商业银行效益与风险关系优化研究 [M]. 太原：山西人民出版社，2016.

[22] 李实，万海远 . 中国居民财产差距研究的回顾与展望 [J]. 劳动经济研究，2015（5）：28-44.

[23] 李实，魏众，古斯塔夫森 . 中国城镇居民的财产分配 [J]. 经济研究，2000(3)：16-23.

[24] 李实，魏众，丁赛 . 中国居民财产分布不均等及其原因的经验分析 [J]. 经济研究，2005（6）：4-15.

[25] 李实，赵人伟 . 中国经济改革中的收入分配变动 [J]. 管理世界，1998（1）：

43-56.

[26] 李实，赵人伟.中国居民收入分配再研究[J].经济研究，1999（4）：3-17.

[27] 李实.鼓励财产性收入是否会加大收入差距——将会加剧社会财富的集中[J].人民论坛，2007（23）：16-17.

[28] 李实.中国财产分配差距与再分配政策选择[J].经济体制改革，2015（1）：21-21.

[29] 联合国等.国民经济核算体系（2008）[M].国家统计局，等，译.北京：中国统计出版社，2012.

[30] 梁运文，霍震，刘凯.中国城乡居民财产分布的实证研究[J].经济研究，2010（10）：33-47.

[31] 林芳，蔡翼飞，高文书.城乡居民财富持有不平等的折射效应：收入差距的再解释[J].劳动经济研究，2014（6）：152-172.

[32] 刘生龙.收入差距对经济增长的倒U型影响：理论和实证[J].财经研究，2009，35（2）：4-15.

[33] 刘维奇.城市化过程中的住房价格与财富分配效应[J].中国房地产，2011（6）：28-34.

[34] 刘晓峰，曹华.通货膨胀与收入差距关系的研究——基于信贷市场不完美的视角[J].南开经济研究，2011（3）：16-29.

[35] 龙翠红，吴福象，洪银兴.收入差距与经济增长——基于中国省际面板数据的实证分析[J].世界经济文汇，2010（5）：25-37.

[36] 罗楚亮，李实，赵人伟.我国居民的财产分布及其国际比较[J].经济学家，2009（9）：90-99.

[37] 宁光杰.通过扩大财产性收入缩小收入分配差距的可行性分析[J].中国经济问题，2009（3）：18-23.

[38] 裴小革.论收入分配理论的历史演变和劳动价值论的实践价值[J].当代经济科学，2003，25（1）：22-26.

[39] 瞿晶，姚先国.城镇居民收入差距分解研究[J].统计研究，2011，28（11）：

50–55.

[40] 孙楚仁，田国强 . 基于财富分布 Pareto 法则估计我国贫富差距程度——利用随机抽样恢复总体财富 Pareto 法则 [J]. 世界经济文汇，2012（6）：1–27.

[41] 唐莉，姚树洁，王建军 . 基尼系数分解分析中国城市居民收入差距 [J]. 数量经济技术经济研究，2006，23（11）：31–37.

[42] 皮凯蒂 .21 世纪资本论 [M]. 巴曙松，等，译 . 北京：中信出版社，2014.

[43] 万广华，周章跃，陆迁 . 中国农村收入差距：运用农户数据的回归分解 [J]. 中国农村经济，2005（5）：4–11.

[44] 万广华 . 不平等的度量与分解 [J]. 经济学（季刊），2009，8（1）：347–368.

[45] 万广华 . 解释中国农村区域间的收入差距：一种基于回归方程的分解方法 [J]. 经济研究，2004（8）：117–127.

[46] 汪伟，郭新强 . 收入差距与中国高储蓄率：基于目标性消费视角的理论与实证研究 [J]. 管理世界，2011（9）：7–25.

[47] 王弟海，龚六堂 . 持续性不平等的动态演化和经济增长 [J]. 世界经济文汇，2007（6）：1–18.

[48] 王弟海，龚六堂 . 新古典模型中收入和财富分配持续不平等的动态演化 [J]. 经济学：季刊，2006，5（3）：777–802.

[49] 王弟海，龚六堂 . 新古典模型中收入和财富分配持续不平等的动态演化 [J]. 经济学：季刊，2006，5（3）：777–802.

[50] 王洪亮，徐翔 . 收入差距孰甚：地区间抑或城乡间 [J]. 管理世界，2006（11）：41–50.

[51] 王晶，高艳云 . 中国地区贫困与社会发展不匹配问题 [J]. 财经科学，2018（09）：95–106.

[52] 王晶，李立新 . 我国商业银行风险的综合测度与影响因素分析 [J]. 金融理论与实践，2016（04）：28–31.

[53] 王晶 . 随迁对农民工家庭儿童认知能力的影响效应研究 [J]. 北京社会科学，2019（04）：105–115.

［54］ 王小鲁，樊纲 . 中国收入差距的走势和影响因素分析［J］. 经济研究，2005（10）：24-36.

［55］ 巫锡炜 . 中国城镇家庭户收入和财产不平等：1995—2002［J］. 人口研究，2011，35（6）：13-26.

［56］ 吴福象，葛和平 . 资本占有量差异、收入机会不平等与财产性收入增长——基于扩大贫富差距的机制分析和实证检验［J］. 湘潭大学学报（哲学社会科学版），2014，38（6）：44-49.

［57］ 吴开泽 . 房改进程、生命历程与城市住房产权获得（1980—2010 年）［J］. 社会学研究，2017（5）：64-89.

［58］ 吴卫星，丘艳春，张琳琬 . 中国居民家庭投资组合有效性：基于夏普率的研究［J］. 世界经济，2015（1）：154-172.

［59］ 吴卫星，邵旭方，陶利斌 . 家庭财富分布会自我放大吗？——基于家庭财务杠杆的分析［J］. 管理世界，2016（9）：44-54.

［60］ 吴卫星，张琳琬 . 家庭收入结构与财富分布：基于中国居民家庭微观调查的实证分析［J］. 东北师大学报（哲学社会科学版），2015（1）：62-69.

［61］ 伍再华，叶菁菁，郭新华，等 . 财富分布会抑制金融素养对家庭借贷行为的作用效果吗——基于 CHFS 数据的经验分析［J］. 经济理论与经济管理，2017，36（9）：71-86.

［62］ 谢宇，张晓波，李建新，等 .2016 中国民生发展报告：精准扶贫，共享民生发展［R］. 北京：北京师范大学出版社，2017：52-53.

［63］ 谢宇，张晓波，李建新，等 . 中国民生发展报告 2014［M］. 北京：北京大学出版社，2014：8-11.

［64］ 徐舒 . 技术进步、教育收益与收入差距［J］. 经济研究，2010（9）：79-92.

［65］ 薛宝贵，何炼成 . 我国财富分布形成机制研究［J］. 福建论坛（人文社会科学版），2017（6）：10-17.

［66］ 尹志超，张号栋 . 金融知识和中国家庭财富差距——来自 CHFS 数据的证据［J］. 国际金融研究，2017，366（10）：76-86.

［67］ 张大永，曹红．家庭财富与消费：基于微观调查数据的分析［J］．经济研究，2012（1）：53−65.

［68］ 张建华．一种简便易用的基尼系数计算方法［J］．山西农业大学学报：社会科学版，2007，6（3）：275−278.

［69］ 张茉楠．房地产的第三次财富分配效应［J］．党政视野，2011（1）：56−56.

［70］ 赵亮，张世伟．农村内部收入差距变动的成因——基于回归分解的研究途径［J］．人口学刊，2011（5）：50−57.

［71］ 赵人伟，GRIFFIN，KEITH B. 中国居民收入分配研究［M］．北京：中国社会科学出版社，1994.

［72］ 赵人伟，李实．中国居民收入差距的扩大及其原因［J］．经济研究，1997（9）：19−28.

［73］ 赵人伟．我国居民收入分配和财产分布问题分析［J］．当代财经，2007（7）：5−11.

［74］ 庄健，张永光．基尼系数和中等收入群体比重的关联性分析［J］．数量经济技术经济研究，2007，24（4）：145−152.

［75］ ATKINSON A B. On the measurement of inequality［J］.Journal of Economic Theory, 1970, 2（1）: 244−263.

［76］ BANERJEE A V , NEWMAN A F .Occupational Choice and the Process of Development［J］.Journal of Political Economy, 1993（ 101）: 274−298.

［77］ BASTAGLI F, HILLS J.Wealth accumulation in Great Britain 1995−2005: The role of house prices and the life cycle［Z］.Case Papers（166）,Centre for Analysis of Social Exclusion, 2012.

［78］ BECKER G S , TOMES N .An Equilibrium Theory of the Distribution of Income and Intergenerational Mobility［J］.Journal of Political Economy, 1979, 87（6）: 1153−1189.

［79］ BENHABIB J, RUSTICHINI A.Social Conflict and Growth［J］.Journal of Economic Growth, 1996, 1（1）:125−142.

［80］ CHATTERJEE S .Transitional dynamics and the distribution of wealth in a neoclassical growth model [J] .Journal of Public Economics, 1994, 54 (1) :97–119.

[81] CHEN C, TSAUR T, RHAI T.The gini coefficient and negative income [J] . Oxford Economic Papers, 1982, 34 (3) :473–478.

[82] CORRADO GINI.Sulla misura della concentrazione e della variabilit à dei caratteri [J] .Atti Regio Istituto Veneto Tomo Parte II, 1914 (260) : 1203–1248.

[83] DALTON, H.Measurement of the inequality of incomes [J] .The Economic Journal, 1920, 30 (9) : 348–361.

[84] DAVIES J B, SANDSTRÖM S, SHORROCKS A, et al.The Level and Distribution of Global Household Wealth [J] .Economic Journal, 2011, 121 (551) :223 - 254.

[85] DUESENBERRY, J S. Income, Saving and the Theory of Consumer Behavior[M]. Cambridge: Harvard University Press, 1949.

[86] FISHER J, JOHNSON D, LATNER J P, et al.Inequality and Mobility Using Income, Consumption, and Wealth for the Same Individuals [J] .Rsf the Russell Sage Foundation Journal of the Social Sciences, 2016, 2 (6) :44–58.

[87] FISHER J, JOHNSON D, SMEEDING T,et al.Inequality in 3–D: Income, Consumption, and Wealth [Z] .FEDS Working Paper No.2018–001, 2018 (1) .

[88] FRIEDMAN, M.A Theory of the Consumption [M] , Princeton: Princeton University Press, 1957.

[89] GALOR O, Zeira J.Income distribution and macroeconomics [J] .Review of Economic Study, 1993, 60:35 - 52

[90] GINI C.Measurement of Inequality of Income [J] .Journal of Economic Theory & Econometrics, 1921, 31 (121) :124–126.

[91] GRIFFITHS P.On the Interpretation and Disaggregation of Gini Coefficient [J] . Economic Journal, 1976, 86 (342) :243–255.

[92] GUSTAFSSON B, SHI L, ZHONG W.The distribution of wealth in urban china and in china as a whole in 1995 [J] .Review of Income & Wealth, 2006, 52 (2) :173–188.

[93] GUSTAFSSON B, SHI L.The Anatomy of Rising Earnings Inequality in Urban

China [J] .Journal of Comparative Economics, 2001, 29 (1) :118–135.

[94] HALL R E.Stochastic Implications of the Life Cycle–Permanent Income Hypothesis: Theory and Evidence [J] .Journal of Political Economy, 1978, 86 (6) : 971–987.

[95] HENLEY A.Changes in the Distribution of Housing Wealth in Great Britain, 1985–91 [J] .Economica, 1998, 65 (259) :363 - 380.

[96] KALDOR N.A Model of Economic Growth[J].Economic Journal, 1957, 67(268): 591–624.

[97] KHAN A R, RISKIN C.Income and Inequality in China: Composition, Distribution and Growth of Household Income, 1988 to 1995 [J] .China Quarterly, 1998, 154 (154) :221–253.

[98] KUZNETS S.Economic Growth and Income Inequality [J] .American Economic Review, 1955, 45 (1) :1–28.

[99] LELAND H E. Saving and uncertainty: the precautionary demand for saving [J] . Quarterly Journal of Economics, 1968,82 (3) :465–473.

[100] LERMAN R I, YITZHAKI S.Inequality Effects by weaome Source: A New Approach and Applications to the United States [J] .Review of Economics & Statistics, 1985, 67 (1) :151–156.

[101] LI H, XIE D, ZOU H F.Dynamics of income distribution [J] .Canadian Journal of Economics, 2010, 33 (4) :937–961.

[102] LORENZ M O.Methods of Measuring the Concentration of Wealth [J] . Publications of the American Statistical Association, 1905, 9 (70) :209–219.

[103] LOURY G C.Intergenerational Transfers and the Distribution of Earnings [J] . Econometrica, 1981, 49 (4) :843–867.

[104] LUCAS R E.On Efficiency and Distribution [J] .Economic Journal, 1992, 102 (411) : 233–247.

[105] MARGLIN S.Public Investment Criteria [M] .Cambridge: MIT Press, 1967.

[106] MARK BRENNER.Reexamining the Distribution of Wealth in Rural China[J].

Chinese Economy, 2000, 33（4）:36–67.

［107］ MATSUYAMA K.Endogenous Inequality［J］.Review of Economic Studies, 2010, 67（4）:743–759.

［108］ MCKINLEY T , GRIFFIN K .The distribution of land in rural China［J］. Journal of Peasant Studies, 1993, 21（1）:71–84.

［109］ MENG X.Wealth Accumulation and Distribution in Urban China［J］.Economic Development & Cultural Change, 2007, 55（4）:761–791.

［110］ MIRRLEES J.An exploration in the theory of optimum income taxation［J］. Review of Economic Studies, 1971, 38（2）: 175–208.

［111］ MOOKHERJEE D, RAY D.Persistent Inequality［J］.Review of Economic Studies, 2010, 70（2）:369–393.

［112］ MULLIGAN C.Parental priorities and economic inequality［M］.Chicago: University of Chicago Press, 1997.

［113］ MURPHY P, DALENBERG D, DALEY J.Improving International Trade Efficiency: Airport and Air Cargo Concerns［J］.Transportation Journal, 1989, 29（2）:27–35.

［114］ NICOLINI E, PALENCIA F R.Comparing Income and Wealth Inequality in Pre–Industrial economies.Lessons from Spain in the 18th century［Z］.Working Papers in History&Economic Institutions, 2016（5）.

［115］ OAXACA R.Male–Female Wage Differentials in Urban Labor Markets［J］. International Economic Review, 1973, 14（3）:693–709.

［116］ PASINETTI L L.Rate of Profit and Income Distribution in Relation to the Rate of Economic Growth［J］.Review of Economic Studies, 1962, 29（4）:267–279.

［117］ PIKETTY T , YANG L , ZUCMAN G .Capital Accumulation, Private Property and Rising Inequality in China, 1978–2015［Z］.NEBR Working Paper No.23368, 2017（4）.

［118］ PIKETTY T.Capital in the Twenty–First Century:［M］.Cambridge Harvard University Press, 2014.

［119］ THOMAS P, LI Y, GABRIEL Z.Capital Accumulation, Private Property and

Rising Inequality in China, 1978–2015 [Z] .NEBR Working Paper No.23368, 2017 (4) .

[120] PODDER N, MUKHOPADHAYA P.The Changing Pattern of Sources of Income and its Impact on Inequality: The Method and its Application to Australia, 1975 - 94[J]. Economic Record, 2001, 77 (238) :242–251.

[121] PODDER N.The disaggregation of the gin1 coefficient by factor components and its applications to australia [J] .Review of Income & Wealth, 1993, 39 (1) :51–61.

[122] PYATT G, CHEN C N, FEI J.The Distribution of Income by Factor Components [J] .Quarterly Journal of Economics, 1980, 95 (3) :451–473.

[123] SAEZ E, ZUCMAN G.Wealth Inequality in the United States since 1913: Evidence from Capitalized Income Tax Data [J] .Quarterly Journal of Economics, 2016, 131 (2) :.519–578.

[124] SHORROCKS A F.Decomposition procedures for distributional analysis: a unified framework based on the Shapley value[J].Journal of Economic Inequality, 2013, 11(1):99–126.

[125] SHORROCKS A F.Inequality Decomposition by Population Subgroups [J] . Econometrica, 1984, 52 (6) :1369–1385.

[126] STEINS U, SCHULARICK M, KUHN M.Wealth and Income Inequality in America, 1949–2013 [C] .Meeting Papers, Society for Economic Dynamics, 2017.

[127] SUN W, WANG X.Do Relative Income and Income Inequality Affect Consumption? Evidence from the Villages of Rural China [J] .The Journal of Development Studies, 2013, 49 (4) : 533–546.

[128] THEIL H.Economics and Information Theory [M] .Amsterdam: North–holland Publishing Company, 1967.

[129] THEIL H.Statistical decomposition analysis : with applications in the social and administrative sciences [M] .Amsterdam: North–Holland Publishing Company, 1972.

[130] THEIL H., Economics and information theory [M] .Amsterdam: North–Holland, 1967.

[131] VENTURA J , CASELLI F .A Representative Consumer Theory of Distribution

[J] .American Economic Review, 2000, 90 (4) :909–926.

[132] WAINER I W, ALEMBIK M C, SMITH E.Resolution of enantiomeric amides on a cellulose tribenzoate chiral stationary phase [J] .J Chromatogr, 1987, 388 (1) : 65–74.

[133] WAN G.Accounting for income inequality in rural China: a regression–based approach [J] .Economic Research Journal, 2004, 32 (2) :348–363.

[134] WOLFF E N.Inequality and rising profitability in the United States, 1947 - 2012 [J] .International Review of Applied Economics, 2015, 29 (6) :741–769.

[135] XIE Y, ZHOU X.Income inequality in today's China [J] .Proceedings of the National Academy of Sciences of the United States of America, 2014, 111 (19) : 6928–33.

[136] ZADEH L A .Optimality and Non–Scalar–Valued Performance Criteria [J] . IEEE Transactions on Automatic Control, 1963, 8 (1) :59–60.

[137] ZELDES, STEPHEN P.Consumption and liquidity constraints: an empirical investigations [J] .The Journal of Political Economy, 1989 (97) :305–347.

[138] ZELLNER A, THEIL H.Three stage least squares: simultaneous estimate of simultaneous equations [J] .Econometrica, 1962, 30 (1) :54–78.